8 SEMANAS DE AMOR

8 Semanas de Amor: Un Estudio Bíblico Para Madres Solteras

ISBN: 978-0988739826

Editing by Sarah R. Young and Emily Harris Greene

Un agradecimiento a Heather Pepin King

Servicios editoriales y de diseño | MelindaMartin.me

Traducido por Orpha C. Pérez

Publishing and Design Services | MelindaMartin.me

Todos los pasajes citados son de la Nueva Versión Internacional, a menos que se indique lo contrario.

Impreso en México

8 SEMANAS DE AMOR

LOIS BREIT

1 Corintios 13:4–8 (NVI): El amor es paciente, es bondadoso. El amor no es envidioso ni jactancioso ni orgulloso. No se comporta con rudeza, no es egoísta, no se enoja fácilmente, no guarda rencor. El amor no se deleita en la maldad sino que se regocija con la verdad. Todo lo disculpa, todo lo cree, todo lo espera, todo lo soporta. El amor jamás se extingue...

Estudio: Este libro está diseñado para un estudio en grupo o individual.

Notas al pie: Las notas se encuentran al final del libro y son consejos y respuestas bíblicas para quienes estudien este libro individualmente.

Índice

Introducción

Este estudio abordará el tema del amor desde la perspectiva de Dios porque "Dios es amor", y él nos diseñó para amar y ser amados desde nuestra concepción. Un niño, así como un adulto, podrían sobrevivir sin amor, pero no se desarrollarían plenamente.

En las siguientes ocho semanas estudiaremos lo que el amor significa para ti hoy. Semana tras semana comprenderás aún más cómo el amor de Dios impacta la manera en la que amamos a otros y a nosotras mismas. Descubrirás un amor que sana tu pasado, protege tu presente y te prepara para el futuro. Este estudio es sobre una vida de amor, ya sea que te cases o permanezcas soltera.

Testimonios: los testimonios compartidos en este estudio son reales; sin embargo, todos los nombres han sido cambiados.

Semana uno: el amor revelado

El amor jamás se extingue

Todo comienza en el amor de Dios

Dios revela su amor por la humanidad a través de las escrituras. Desde Génesis hasta Apocalipsis, describe su amor, nos enseña cómo amarnos los unos a los otros y cómo su amor nunca falla. 1 Corintios 13 es una descripción de cómo Dios nos ama, y es un ejemplo de cómo cuando nos amamos unos a otros de esta forma, *el amor nunca se extingue*.

Para comenzar nuestra búsqueda bíblica del significado de su amor, necesitamos ser honestos en cuanto a nuestras creencias y sentimientos actuales.

Nota [1]

Comencemos respondiendo algunas preguntas que te ayudarán.

Nota [2]

Responder estas sencillas preguntas te ayudará a determinar tu medida de amor. No hay respuestas correctas o erróneas, sólo perspectivas honestas de cómo te ves a ti misma y cómo esperas que el amor se vea.

1. *¿Sientes que tienes valor como individuo (no sólo como madre)? ¿Por qué sí o por qué no?*

 ____

 ____

2. *¿Mereces ser amada? ¿Por qué sí o por qué no?*

____

____

3. *¿Generalmente de dónde proviene tu sentido de valía? ¿Es una fuente adecuada?*

____

____

4. *¿Qué te hace sentir amada?*

____

____

5. *¿Cuándo fue la última vez que te sentiste amada?*

____

____

6. *¿Te permites amar a otros (aparte de tus hijos)? ¿Por qué sí o por qué no?*

____

____

7. *¿Crees que Dios te ama? ¿Por qué sí o por qué no?*

____

____

8. *En una escala del 0 al 10, ¿Cuánto crees que Dios te ama?*

____

____

9. *Si elegiste un número bajo, ¿Crees que Dios te amó en algún momento? ¿Qué cambió tu parecer?*

____

____

La mejor fuente para estudiar y entender cómo debe verse el amor proviene del creador del amor, de Dios mismo. Ten presente, mientras avanzamos durante las siguientes semanas, que fuimos creadas para amar y ser amadas desde el momento de nuestro nacimiento. Dios describe las características del amor, su pasión, sus fortalezas y sus debilidades a través de toda la Biblia. Por eso la Biblia es nuestra guía en este estudio.

Los siguientes pasajes bíblicos nos ayudarán a entender lo que es el amor y qué no lo es.

Lee el Salmo 139: 1-16

> *Salmo 139: 13-14 (NVI): Tú creaste mis entrañas; me formaste en el vientre de mi madre. ¡Te alabo porque soy una creación admirable! ¡Te alabo porque soy una creación admirable! ¡Tus obras son maravillosas, y esto lo sé muy bien!*

Ahora personalízalo poniendo tu nombre:

Tú creaste las entrañas de _____ ; formaste en el vientre de su madre a _____. ¡Te alabo porque _____es una creación admirable!

10. *De acuerdo con estos pasajes, especialmente los versículos 13-14, ¿por qué eres especial y amada a los ojos de Dios?* [3]

____

____

Lee los siguientes versículos y contesta las preguntas.

1 Juan 3:1 (NVI): ¡Fíjense qué gran amor nos **ha dado** *el Padre, que se nos llame hijos de Dios! ¡Y lo somos!*

11. *¿Qué relación tenemos con Dios?*[4]

____

____

Mateo 7:9-11 (NVI): ¿Quién de ustedes, si su hijo le pide pan, le da una piedra? Pues si ustedes, aun siendo malos, saben dar cosas buenas a sus hijos, ¡cuánto más su Padre que está en el cielo dará cosas buenas a los que le pidan!

12. *De acuerdo con este pasaje, ¿Dios quiere bendecirte? ¿Con qué frecuencia?*

____

____

Juan 3:16 (NVI): Porque tanto amó Dios al mundo, que dio a su Hijo unigénito, para que todo el que cree en él no se pierda, sino que tenga vida eterna.

Romanos 5:8 (NVI): Pero Dios demuestra su amor por nosotros en esto: en que cuando todavía éramos pecadores, Cristo murió por nosotros.

13. *¿Qué motivó a Dios a hacer un sacrificio tan grande por ti? Pista: Es una sola palabra.*

____

____

Lee Lucas 15:11-31. Este pasaje habla sobre la historia de un hijo que se fue de casa en rebeldía para vivir a su manera, rechazando el amor, provisión y herencia de su padre para tener éxito. También es la historia del amor incondicional de un padre y su poder restaurativo.

Lucas 15:21-24 (NVI): El joven le dijo: "Papá, he pecado contra el cielo y contra ti. Ya no merezco que se me llame tu hijo." Pero el padre ordenó a sus siervos: "¡Pronto! Traigan la mejor ropa para vestirlo. Traigan el ternero más gordo y mátenlo para celebrar un banquete. Porque este hijo mío estaba muerto, pero ahora ha vuelto a la vida; se había perdido, pero ya lo hemos encontrado." Así que empezaron a hacer fiesta.

14. *¿Se parece en algo a ti este hijo pródigo? ¿En qué?*

____

____

15. *¿Tu necedad y decisiones egoístas te han causado a ti y a otros dolor innecesario?*

____

____

16. *¿Qué fue lo que hizo el hijo para ganarse el perdón de su padre?*[5]

____

____

17. *¿Crees que Dios desea recibirte con brazos abiertos?*

____

____

Nuestro comportamiento egoísta, huyendo de Dios y tomando malas decisiones, no elimina el amor de Dios hacia nosotros. Él espera y aguarda que regresemos a él para que pueda celebrar con nosotros. No para castigarnos.

Conocemos esta historia como *El hijo pródigo*, pero bien podría llamarse *El amor del Padre*. Amó a su ingenuo y rebelde hijo aun cuando este rechazó y despilfarró su amor, provisión y futura herencia. El padre pacientemente esperó el retorno de su hijo, le dio la bienvenida a casa generosamente, y lo restauró a la familia amorosamente.

Imagina que eres el hijo pródigo regresando a casa con el Padre y la iglesia, el padre lo recibió, pero el otro hermano no lo hizo. El padre tuvo que recordarle al hermano que su arduo trabajo y su amor de toda la vida siempre serían recompensados, pero indignarse y ponerse celoso por el regreso del hermano pródigo no eran respuestas adecuadas.

En otras palabras, algunas personas en la iglesia quizá primero expresen palabras que te hieran o no te ofrezcan su amistad inmediatamente, pero no dejes que te alejen. Permite que Dios hable a sus corazones mientras tú disfrutas el amor del Padre.

Lee los siguientes versículos y contesta las preguntas.

> *Romanos 8:38-39 (NVI): Pues estoy convencido de que ni la muerte ni la vida, ni los ángeles ni los demonios, ni lo presente ni lo por venir, ni los poderes, ni lo alto ni lo profundo, ni cosa alguna en toda la creación, podrá apartarnos del amor que Dios nos ha manifestado en Cristo Jesús nuestro Señor.*

18. De acuerdo con este pasaje, ¿hay algo que te pueda separar del amor de Dios? [6]

____

____

> *Efesios 2:8-9 (NVI): Porque por gracia ustedes han sido salvados mediante la fe; esto no procede de ustedes, sino que es el regalo de Dios, no por obras, para que nadie se jacte.*

1 Juan 1:9 (NVI): Si confesamos nuestros pecados, Dios, que es fiel y justo, nos los perdonará y nos limpiará de toda maldad.

Mateo 7:7 (NVI): Pidan, y se les dará; busquen, y encontrarán; llamen, y se les abrirá.

19. ¿Qué se necesita para recibir las bendiciones de Dios? [7]

____

____

Números 23:19 (NTV): Dios no es un hombre, por lo tanto, no miente. Él no es humano, por lo tanto, no cambia de parecer. ...

20. ¿Por qué es injusto comparar a Dios con un padre terrenal? [8]

____

____

Cantares 2:4 (RVR): ... Y su bandera sobre mí fue amor.

En tiempos bíblicos, las banderas se alzaban para animar y alentar a las tropas, especialmente durante la batalla. La bandera de amor de Dios sobre nosotros significa que somos de él y que él tienen la victoria sobre nuestros quebrantos, derrotas, heridas y miedos. Su amor por nosotros nunca falla.

21. *¿Ahora puedes darte cuenta que Dios te ama? ¿Cuánto crees que te ama en una escala del 0 al 10?*

____

____

Espero que tu puntuación haya mejorado esta semana.

La historia de Lois: cuando comencé mi travesía como una madre quebrantada, confundida y abandonada con cinco hijos, mi concepto del amor era una mezcla de falsedades y emociones.

Me sentía abandonada por Dios, olvidada y no amada. Romanos 8:38-39 era algo extraño para mí. ¿Cómo era posible que Dios me amara cuando ni yo misma me agradaba? Repasaba mis fallas continuamente todas las noches para enfatizar el porqué mi esposo me había rechazado y abandonado. Con frecuencia pensaba que si tan sólo pudiera cambiar quién soy, entonces podría ser amada. Sin embargo, una noche Dios interru mpió mi rutina y me dijo, "Lois, incluso si no cambias a partir de hoy, mi amor por ti nunca cambiará".

Este pasaje, y otros que estudiamos esta semana, me ayudaron a entender ese amor que no se basa en quién era yo o lo que hice, sino en quién es Dios. Su amor incondicional nunca será anulado, incluso si lo rechazamos.

El amor de Dios nunca se extingue, aun cuando el nuestro sí lo haga.

Si no has aceptado aún este amor que se te ofrece de manera tan generosa, esta es tu oportunidad para hacerlo. Lo único que tienes que hacer es decir la siguiente oración:

Reto: memoriza al menos uno de los versículos del estudio de esta semana que te recuerde cómo Dios te muestra su amor.

Notas y reflexiones

Este es el versículo que elegí para aprenderme de memoria:

____

____

____

____

____

¿Por qué elegí ese versículo?

____

____

____

____

____

¡El amor cambia todo!

Semana dos: tu amor por Dios, primera parte

El amor no es egoísta

El amor no es una calle de un sólo sentido.

En la semana uno establecimos que Dios te ama incondicionalmente. Esta semana, estudiaremos cómo mantener una fuerte relación de amor bidireccional, lo cual es necesario para cualquier relación sana.

> *Deuteronomio 6:4-5 (NVI): "... Ama al Señor tu Dios con todo tu corazón y con toda tu alma y con todas tus fuerzas".*

Dios estaba preparando a los israelitas para las bendiciones y tentaciones que enfrentarían al entrar en la Tierra Prometida y hacia su futuro.

Los judíos modernos aún recitan este versículo cada mañana y tarde como un recordatorio de amar a Dios sobre todas las tentaciones del día, y buscarle continuamente.

Este versículo se repite a través de la Biblia como un recordatorio de mantener nuestro amor por Dios avivado y por encima de los problemas y distracciones que tratan de interrumpir nuestra relación con él. Amar a Dios con todo nuestro corazón, mente y alma es el fundamento para nuestra paz, gozo y amor; el resultado natural de ponerlo apasionadamente en primer lugar a él.

¿Cómo podemos amar a Dios con tal fervor, si para empezar tenemos miedo a amar?

Lee los siguientes versículos y contesta las preguntas.

> *1 Juan 4:18 (NVI): Sino que el amor perfecto echa fuera el temor. El que teme espera el castigo, así que no ha sido perfeccionado en el amor.*

1 Juan 4:19 (NVI): Nosotros amamos a Dios porque él nos amó primero.

El amor de Dios es perfecto. Cuando amamos a Dios de manera total, confiamos completamente en él, y el miedo ya no gobierna nuestras vidas. Entender el poder del amor de Dios nos permite amar al único que nos ama incondicionalmente.

1. *¿Alguna vez has sentido que Dios te ha decepcionado o abandonado? ¿En qué forma?*

   ____

   ____

2. *¿Te has enojado con Dios o lo has culpado por lo malo que te ha pasado?*

   ____

   ____

3. *¿Has recibido algo bueno o encontrado paz al culpar a Dios por tus problemas?*

   ____

   ____

4. *¿Expresas tu amor a Dios diariamente? Si lo haces, ¿cómo lo expresas?*

   ____

   ____

Dios menciona la importancia de amarlo a él a través de las Escrituras. Estos son algunos ejemplos:

> *Deuteronomio 11:13-15 (NVI): Si ustedes obedecen fielmente los mandamientos que hoy les doy, y si aman al Señor su Dios y le sirven con todo el corazón y con toda el alma, entonces él enviará la lluvia oportuna sobre su tierra, en otoño y en primavera, para que obtengan el trigo, el vino y el aceite. También hará que crezca hierba en los campos para su ganado, y ustedes comerán y quedarán satisfechos.*

Nota cómo siguen las promesas y bendiciones.

> *Deuteronomio 13:2-4 (NVI): ...si esa señal o prodigio se cumple y él te dice: "Vayamos a rendir culto a otros dioses", dioses que no has conocido, no prestes atención a las palabras de ese profeta o visionario. El Señor tu Dios te estará probando para saber si lo amas con todo el corazón y con toda el alma. Solamente al Señor tu Dios debes seguir y rendir culto. Cumple sus mandamientos y obedécelo; sírvele y permanece fiel a él.*

Dios sabe que otros tratarán de alejarte de él.

> *Deuteronomio 30:6 (RVR): Y circuncidará Jehová tu Dios tu corazón, y el corazón de tu descendencia, para que ames a Jehová tu Dios con todo tu corazón y con toda tu alma, a fin de que vivas.*

La circuncisión del corazón significa ser purificado y apartado para Dios.

> *Josué 22:5 (NVI): Y esfuércense por cumplir fielmente el mandamiento y la ley que les ordenó Moisés, siervo del Señor: amen al Señor su Dios, condúzcanse de acuerdo con su voluntad, obedezcan sus mandamientos, manténganse unidos firmemente a él y sírvanle de todo corazón y con todo su ser.*
>
> *Mateo 22:37 (RVR): Jesús le dijo: Amarás al Señor tu Dios con todo tu corazón, y con toda tu alma, y con toda tu mente.*
>
> *Marcos 12:30 (NVI): Ama al Señor tu Dios con todo tu corazón, con toda tu alma, con toda tu mente y con todas tus fuerzas.*
>
> *Lucas 10:27 (NVI): Ama al Señor tu Dios con todo tu corazón, con todo tu ser, con todas tus fuerzas y con toda tu mente.*

Ahora que queda claro que Dios desea que lo amemos así como él nos ama, en una relación bidireccional, entonces veamos cómo amar a Dios.

AMEMOS A DIOS

1 Corintios 13 nos recuerda diferentes formas de expresar amor a través del servicio, sacrificio, fidelidad, honestidad, bondad, etc. Pero en las siguientes semanas estudiaremos tres expresiones básicas del amor sincero que estrechan nuestra relación con Dios: alabanza, adoración y obediencia.

Reflexiona cómo estas expresiones de amor aplican tanto para las personas como para Dios. Esta semana nos enfocaremos en la alabanza.

ALABANZA

> *Salmo 89:1 (NVI): Oh Señor, por siempre cantaré la grandeza de tu amor; por todas las generaciones proclamará mi boca tu fidelidad.*

La alabanza es admiración correcta, es las palabras que expresamos de reconocimiento a alguien o sobre alguien, en este caso sobre Dios. Es una expresión verbal de amor y gratitud. Expone los atributos de Dios, su fidelidad, paciencia, perdón y nuestra confianza en él. ¡Alabar a Dios nos da un enfoque positivo! Mantiene nuestros ojos y pensamientos en Dios, en todo lo que ha hecho y en todo lo que puede hacer.

El rey David amaba a Dios sin reservas. Lo consultaba a Dios, y lo alababa en medio de sus miedos, victorias, críticas y fallas. La alabanza fortalecía su relación de mutuo amor.

> *1 Samuel 13:14 (RVR): ...Jehová se ha buscado un varón conforme a su corazón, al cual Jehová ha designado para que sea príncipe sobre su pueblo*

Los siguientes pasajes muestran cómo la alabanza trae gozo a Dios. El rey David escribió muchos de esos pasajes durante su caminar, desde su juventud hasta llegar a ser un gran rey. David fue llamado "un varón conforme al corazón de Dios". El amor de David por Dios es un ejemplo que nosotros debemos seguir. Aun en sus imperfecciones, el amor de David por Dios nunca flaqueó.

En los siguientes pasajes, encontramos alabanza para Dios. Quizá necesites leer los versículos alrededor para aplicar mejor ese pasaje a tu vida. Después de leer el versículo o los versículos, escribe la circunstancia, el resultado y el recordatorio personal en cada uno.

Ejemplo: *1 Samuel 17:37 (RVR): El Señor, que me libró de las garras del león y del oso, también me librará del poder de ese filisteo.*

Circunstancia:

> David, el adolescente, enfrentaba a un enorme enemigo con probabilidades sobreabrumadoras en su contra. Su alabanza se enfocó en lo que Dios podía hacer, en lugar de lo que David podía hacer por su cuenta.

Resultado:

> Alabar a Dios por sus victorias pasadas en situaciones peligrosas le dieron a David la seguridad para enfrentar otro problema gigante.

Recordatorio:

> Cuando enfrento una situación difícil, necesito recordar que Dios está conmigo. Él lo puede todo y pondré mi confianza en él.

2 Samuel 6:20-23 (NTV): Cuando David regresó a su hogar para bendecir a su propia familia, Mical, la hija de Saúl, salió a su encuentro y le dijo indignada: —¡Qué distinguido se veía hoy el rey de Israel, exhibiéndose descaradamente delante de las sirvientas tal como lo haría cualquier persona vulgar! David le replicó a Mical: —¡Estaba danzando delante del Señor, quien me eligió por encima de tu padre y de su familia! Él me designó como el líder de Israel, el pueblo del Señor, y de este modo celebro delante de él. ¡Así es, y estoy dispuesto a quedar en ridículo e incluso a ser humillado ante mis propios ojos! Pero esas sirvientas que mencionaste, ¡de seguro seguirán pensando que soy distinguido! Y Mical, la hija de Saúl, nunca tuvo hijos en toda su vida.

Circunstancia: [9]

____

____

____

Resultado: [10]

____

____

____

Recordatorio: [11]

____

____

____

2 Samuel 22:4 (NVI): Invoco al Señor, que es digno de alabanza, y quedo a salvo de mis enemigos.

Circunstancia: [12]

____

____

____

____

Resultado: [13]

____

____

____

____

Recordatorio: [14]

____

____

____

____

1 Reyes 8:15 (NVI): Y dijo: "Bendito sea el Señor, Dios de Israel, que con su mano ha cumplido ahora lo que con su boca le había prometido a mi padre David".

Circunstancia: [15]

____

____

____

____

Resultado: [16]

____

____

____

____

Recordatorio: [17]

____

____

____

____

2 Crónicas 20:21 (NVI): Después de consultar con el pueblo, Josafat designó a los que irían al frente del ejército para cantar al Señor y alabar el esplendor de su santidad con el cántico: "Den gracias al Señor; su gran amor perdura para siempre".

(También lee 2 Crónicas 20:29-30).

Circunstancia: [18]

____

____

____

____

Resultado: [19]

____

____

____

____

Recordatorio: [20]

____

____

____

Salmo 16:7 (NVI): Bendeciré al Señor, que me aconseja; aun de noche me reprende mi conciencia.

Circunstancia: [21]

____

____

____

____

Resultado: [22]

____

____

____

____

Recordatorio: [23]

____

____

____

____

Salmo 28:6-7 (NVI): Bendito sea el Señor, que ha oído mi voz suplicante. El Señor es mi fuerza y mi escudo; mi corazón en él confía; de él recibo ayuda. Mi corazón salta de alegría, y con cánticos le daré gracias.

Circunstancia: [24]

____

____

____

____

Resultado: [25]

____

____

____

____

Recordatorio: [26]

____

____

____

____

Salmo 42:5 (NVI): ¿Por qué voy a inquietarme? ¿Por qué me voy a angustiar? En Dios pondré mi esperanza y todavía lo alabaré. ¡Él es mi Salvador y mi Dios!

Circunstancia: [27]

____

____

____

____

Resultado: [28]

____

____

____

____

Recordatorio: [29]

____

____

____

____

Salmo 59:17 (NVI): A ti, fortaleza mía, te cantaré salmos, pues tú, oh Dios, eres mi protector. ¡Tú eres el Dios que me ama!

Circunstancia: [30]

Resultado: [31]

Recordatorio: [32]

Salmo 66:20 (NVI): ¡Bendito sea Dios, que no rechazó mi plegaria ni me negó su amor!

Circunstancia: [33]

____

____

____

____

Resultado: [34]

____

____

____

____

Recordatorio: [35]

____

____

____

____

Hay más de 150 referencias sobre alabar a Dios en la Biblia. La alabanza es importante para Dios, y a nosotros nos ayuda a mover montañas. Si necesitas edificar una vida de alabanza positiva, lee estos versículos sobre alabanza: Salmo 8:2, Salmo 9:2, Salmo 18:3, Salmo 31:21, Salmo 63:4, Salmo 69:34, Salmo 96:2, Salmo 100:4 y Salmo 103:1-4.

La alabanza abre nuestro corazón a Dios. Es una expresión de nuestra gratitud, y echa fuera el temor al enfocarnos en los atributos de Dios y no en nuestras deficiencias. Yo dediqué mucho tiempo a esto porque tiendo a quejarme más con Dios que alabarle. Al hacer esto, me pierdo de estas bendiciones que son el resultado de una relación bidireccional con él: paz, gozo, perdón, protección, provisión y victorias.

5. *¿Qué motivo tienes para alabar a Dios hoy?*

____

____

6. *¿En qué forma alabar a Dios te ayudará a amar a otros en el futuro?* [36]

____

____

La historia de Lois: Después de que mi esposo me dejara, sentí que Dios también me había abandonado. Volví mi corazón como de piedra en cuanto al tema del amor, excepto para mis hijos. No me di cuenta qué tan limitado se había vuelto ese amor porque había bloqueado su fuente.

Cuando dejé de sentir lástima por mí misma, y de estar enojada con Dios por mi situación, la vida me cambió. Comencé a alabar a Dios por proveer comida y techo para mi familia. En lugar de llorar por haber dejado nuestra comunidad, le di gracias por los nuevos amigos que había traído a mi vida, y dejé de lamentar la pérdida de antiguas amistades. Lo alabé por la iglesia que era un refugio para nosotros, un lugar seguro para sanar y ser amados, reemplazando la soledad y el rechazo del que habíamos salido. La alabanza ablandó mi corazón y me devolvió la esperanza.

Reto: comienza a tomar un minuto todas las mañanas para alabar a Dios en voz alta.

Notas y reflexiones

¿Qué razones tienes hoy para alabar a Dios?

____

____

____

____

____

¿Qué versículos de alabanza escogiste para leer en voz alta todos los días?

____

____

____

____

____

¡El amor cambia todo!

Semana tres: tu amor por Dios, segunda parte

El amor no es egoísta

El amor no es una calle de un sólo sentido.

> *Deuteronomio 6:4-5 (NVI): "... Ama al Señor tu Dios con todo tu corazón y con toda tu alma y con todas tus fuerzas".*

La semana pasada comenzamos nuestro estudio enfocándonos en amar a Dios con **alabanza**, una de las tres expresiones básicas de amor que fortalece nuestra relación con él. Descubrimos, también, el poder de la alabanza en las relaciones. Aprendimos cómo la alabanza nos libera de la ira y la amargura, cambia nuestras actitudes y perspectivas, nos da esperanza en situaciones de desesperación y nos prepara para una vida de amor y victoria. Cuando nuestra relación de amor con Dios es fuerte, trae sanidad y gozo a nuestras relaciones personales.

Comparte con tu grupo algo nuevo que descubriste de manera personal llevando a cabo el reto *de un minuto de alabanza al día.*

Esta semana continuaremos nuestro estudio sobre cómo amar a Dios a través de las expresiones de adoración y obediencia.

ADORACIÓN

Hay una diferencia entre alabanza y adoración. La alabanza es un expresión exuberante de acción de gracias. Es un reflejo externo de amor expresado a través de canciones, danza, palabras y actitudes.

La adoración es el reconocimiento reverente del poder y señorío de Dios, humillándonos ante él.

El diccionario describe *adoración* como *una reverencia o gran estima*. Esto significa que piensas en esa persona o cosa con frecuencia durante el día. Ocupará tus pensamientos, obtendrá casi toda tu atención y será el centro de tus objetivos.

1. *¿Qué es lo que adoras o más estimas durante el día? ¿El cómo te ves, tus hijos, tu trabajo, tu talento o algo más?*

____

____

Lee los siguientes pasajes de la Escritura acerca de la adoración y reflexiona por qué y cómo la gente está adorando a Dios con sus palabras y acciones.

La Pascua: adoración por su protección

Éxodo 12:23-27 (NVI): ...No permitirá el Señor que el ángel exterminador entre en las casas de ustedes y los hiera... Al oír esto, los israelitas se inclinaron y adoraron al Señor...

2. *¿Te ha guardado hasta ahora el Señor?*

____

____

Libertador: adoración por su misericordia

Éxodo 3:12 (NVI): —Yo estaré contigo —le respondió Dios—. Y te voy a dar una señal de que soy yo quien te envía: Cuando hayas sacado de Egipto a mi pueblo, todos ustedes me rendirán culto en esta montaña.

3. *¿Has sido liberado de alguna situación, actitud o comportamiento?*

   ____

   ____

Su presencia: adoración por su cercanía

Éxodo 34:8 (RVR): Entonces Moisés, apresurándose, bajó la cabeza hacia el suelo y adoró.

4. *¿Has experimentado la presencia de Dios?*

   ____

   ____

La bendición: adoración por su amor

Deuteronomio 5:8-10 (NVI): No hagas ningún ídolo ni nada que guarde semejanza con lo que hay arriba en el cielo, ni con lo que hay abajo en la tierra, ni con lo que hay en las aguas debajo de la tierra. No te inclines delante de ellos ni los adores. Yo, el Señor tu Dios, soy un Dios celoso. Cuando los padres son malvados y me odian, yo castigo a sus hijos hasta la tercera y cuarta generación. Por el contrario, cuando me aman y cumplen mis mandamientos, les muestro mi amor por mil generaciones.

¡Sólo debemos adorar a Dios! Las ataduras generacionales pueden ser rotas, y las bendiciones pueden venir tras la adoración.

5. *¿Tienes alguna atadura generacional o un patrón familiar que te gustaría romper?*

____

____

Su majestad: adoración por su autoridad

Mateo 2:11 (NVI): Cuando llegaron a la casa, vieron al niño con María, su madre; y postrándose lo adoraron.

Incluso reyes se postraron ante el señorío de Cristo.

6. *¿Reconoces y adoras a Cristo como tu Señor?*

____

____

Los verdaderos adoradores: adora con sinceridad

Juan 4:23 (RVR): Mas la hora viene, y ahora es, cuando los verdaderos adoradores adorarán al Padre en espíritu y en verdad; porque también el Padre tales adoradores busca que le adoren.

7. *¿Adoras a Dios con todo tu corazón y lo amas de verdad?*

____

____

Los verdaderos adoradores: honra tu cuerpo

Romanos 12:1 (NVI): Por lo tanto, hermanos, tomando en cuenta la misericordia de Dios, les ruego que cada uno de ustedes, en adoración espiritual, ofrezca su cuerpo como sacrificio vivo, santo y agradable a Dios.

8. *¿Honras a tu cuerpo como un medio de adoración (manteniendo una vida sexual pura, libre de drogas o cualquier otra opción dañina)?*

____

____

Dios desea la adoración porque es una expresión de amor verdadero y devoción. La adoración dirige nuestra atención y el flujo de los deseos del corazón hacia a Dios, a quien amamos. Recuerda, recibimos lo mejor de él cuando la relación es de dos vías.

9. *¿Qué aprendiste sobre la adoración que no habías entendido antes de este estudio?*

____

____

10. *¿Cómo puede la adoración a Dios ayudarte en tus otras relaciones?* [37]

____

____

OBEDIENCIA

Puede parecer extraño incluir la obediencia en nuestro estudio sobre amar a Dios. Pero piensa cómo te sientes cuando tus hijos rehúsan obedecerte. ¿Te sientes distanciada cuando ignoran tus palabras para guiarlos o rechazan tu amor? ¿Los llenarías de regalos si fueran rebeldes y desobedientes? ¿Existe el respeto en el acto de desobediencia? Dios, el Padre, desea bendecirnos también, y la obediencia es la puerta para poder recibir de él.

> *Deuteronomio 10:12-13 (NVI): Y ahora, Israel, ¿qué te pide el Señor tu Dios? Simplemente que le temas y andes en todos sus caminos, que lo ames y le sirvas con todo tu corazón y con toda tu alma, y que cumplas los mandamientos y los preceptos que hoy te manda cumplir, para que te vaya bien.*

> *Deuteronomio 28:2 (NVI): Si obedeces al Señor tu Dios, todas estas bendiciones vendrán sobre ti y te acompañarán siempre.*

Lee las lista de bendiciones que incluye la obediencia en Deuteronomio 28:3-14.

11. *¿Cuáles de estas bendiciones necesitas más en este día?*

____

____

12. *¿Qué ventajas hay si se vive en obediencia a Dios?* [38]

____

____

Podría enlistar las maldiciones que vienen con la desobediencia, pero prefiero enfocarme en nuestro nuevo caminar en obediencia. Lee Deuteronomio 28:15-64 si quieres saber los resultados de desobedecer a Dios.

Lee los siguientes versículos e identifica el resultado de la obediencia en cada uno.

> *1 Reyes 3:14 (NVI): Si andas por mis sendas y obedeces mis decretos y mandamientos, como lo hizo tu padre David, te daré una larga vida.*

13. *Resultados de la obediencia:* [39]

____

____

Salmo 128:1-2 (NVI): Dichosos todos los que temen al Señor, los que van por sus caminos. Lo que ganes con tus manos, eso comerás; gozarás de dicha y prosperidad.

14. *Razón para obedecer:* [40]

____

____

Juan 8:31-32 (NVI): Si se mantienen fieles a mis enseñanzas, serán realmente mis discípulos; y conocerán la verdad, y la verdad los hará libres..

15. *Razón para obedecer:* [41]

____

____

Romanos 16:19 (RVR): Porque vuestra obediencia ha venido a ser notoria a todos, así que me gozo de vosotros; pero quiero que seáis sabios para el bien, e ingenuos para el mal.

16. *Razón para obedecer:* [42]

____

____

2 Juan 1:6 (NVI): En esto consiste el amor: en que pongamos en práctica sus mandamientos. Y éste es el mandamiento: que vivan en este amor, tal como ustedes lo han escuchado desde el principio.

17. *¿De qué forma se conecta el amor con la obediencia en este pasaje?*[43]

____

____

18. *Enlista al menos tres resultados significativos de obedecer a Dios:* [44]

____

____

____

La desobediencia es lo opuesto al amor

1 Samuel 15:22-23 (NVI): "El obedecer vale más que el sacrificio, y el prestar atención, más que la grasa de carneros. La rebeldía es tan grave como la adivinación, y la arrogancia, como el pecado de la idolatría. Y

como tú has rechazado la palabra del Señor,
él te ha rechazado como rey".

19. *¿Con qué se compara la desobediencia (o rebeldía)?* [45]

____

____

20. *¿Cuáles son los resultados de una relación con Dios sin obediencia?* [46]

____

____

21. *¿Qué tan importante es la obediencia en una relación de amor?* [47]

____

____

Recuerda, "Dios es amor", así que necesitamos no tener miedo a obedecerle.

> La historia de Lois: mi alabanza se convirtió en adoración a un Dios que podía amarme, salvarme, y que tenía el poder de sanarme. Quería obedecer al Dios en el que aprendí a confiar, creyendo que él quería lo mejor para mí, incluso cuando no pudiera verlo en ese momento. Mi familia ha sido bendecida en tantas formas que no puedo contarlas, y creo que esto ha sido porque no sólo recibí su

amor, sino que decidí amarlo de vuelta, decidí estar cerca de él y obedecerlo aun cuando fuera difícil.

Reto: Deuteronomio 6:4-5 (NVI): "... Ama al Señor tu Dios con todo tu corazón y con toda tu alma y con todas tus fuerzas".

Recita este versículo todas las mañanas y tardes esta semana como un recordatorio de tu deseo de tener una relación bidireccional de amor con Dios a través de tu alabanza, adoración y obediencia.

Notas y reflexiones

¿De qué forma puedes adorar a Dios esta semana?

____

____

____

____

____

¿Necesitas empezar o detener algo para que puedas ser obediente a Dios?

____

____

____

____

____

¡El amor cambia todo!

Semana cuatro: ámate a ti misma

El amor se regocija con la verdad

Amor y autorespeto

Ya hemos estudiado sobre el amor de Dios por nosotros y nuestro amor por Dios, pero no sobre el amor hacia nosotras mismas.

¿Por qué una mujer con un puesto ejecutivo importante sucumbe ante una relación abusiva? ¿Por qué una mujer regresa con su abusador o vuelve a involucrarse en relaciones abusivas? ¿Por qué una mujer hermosa cree que es fea? ¿Por qué cualquier mujer puede sentir que no merece ser amada y apreciada?

Porque su confianza o su autoestima se ha perdido o ha sido dañada.

Mientras estudiamos la Biblia esta semana, recuerda los estudios anteriores sobre cómo Dios te ve. Tú eres su hija hermosa, profundamente amada, y eres una persona con propósito y posibilidades (justo como tus hijos son especiales y hermosos para ti). Sí tú no te amas a ti misma, o ni siquiera te agradas, oro que el estudio de esta semana te ayude a entender por qué te sientes así, y cómo podrías restaurar una autoimagen sana. Este camino de sanidad comienza al enfrentar tres cosas que destruyen nuestra confianza: percepciones, culpa y vergüenza. *Creer falsas percepciones o mentiras* te despojan de toda confianza. La *culpa* no es productiva y con frecuencia te lleva a la depresión. *La vergüenza* te deja estancada y bloquea el camino a tu restauración.

Esta es una lección importantísima para la mayoría de las mujeres, no solamente para las mamás solteras. Cuánto más enfrenta una mujer abuso, abandono, rechazo, menosprecio y ataques verbales, más fácil es para ella mentalizarse a no agradarse e incluso a odiarse así misma.

> Carolina vino a mí buscando consejería. Después de varias semanas, me dijo, "siempre que mi novio y yo comenzamos a pelear, sé exactamente cómo va a terminar el asunto. Saca la pistola y amenaza con matarse. Así es una pelea normal entre nosotros y así es como termina siempre. Pero eso no es normal, ¿verdad? Carolina había perdido todo concepto de lo que era normal, y ni siquiera había considerado que su novio pudo haber apuntado la pistola primero hacia ella antes que hacia él mismo. Ella creía que era responsable, en cierta medida, de esa respuesta. Entonces, la culpa de que se matara a sí mismo si ella no cedía y la vergüenza de vivir de esta forma la mantuvo en una situación muy peligrosa. A veces tenemos que apartarnos del patrón de nuestra vida para ver cuál es la verdad y reconocer qué se ha convertido en una mentira o estilo de vida destructivo.

Al estudiar y aplicar la Palabra, ¡tu autoimagen puede ser transformada! Esto significa que tu futuro comportamiento, objetivo y vida pueden verse completamente diferentes a tu pasado y tu presente.

Para poder amarte a ti misma de una forma sana tienes que descubrir la verdad acerca de quién eres, y entonces vivir esa verdad con confianza. Comencemos con la fuente de la verdad.

La fuente de la verdad

El amor se regocija con la verdad. Este capítulo sobre el amor implica encontrar la verdad, y para encontrar la verdad tenemos que basarnos en las Escrituras: la fuente de la verdad.

> *Juan 1:1 (NVI): En el principio ya existía el Verbo, y el Verbo estaba con Dios, y el Verbo era Dios.*

El Verbo es Jesús

> *Juan 1:14 (NVI): Y el Verbo se hizo hombre y habitó entre nosotros. Y hemos contemplado su gloria, la gloria que corresponde al Hijo unigénito del Padre, lleno de gracia y de verdad.*

Jesús nos mostró la verdad de Dios

> *Juan 17:17 (NVI): Santifícalos en la verdad; tu palabra es la verdad.*

Santificar significa *apartar, purificar, con derecho a ser respetado.*

Las palabras (Escrituras) de Jesús son verdad

> *Juan 8:31-32 (NVI): Si se mantienen fieles a mis enseñanzas, serán realmente mis discípulos; y conocerán la verdad, y la verdad los hará libres.*

Cuando estudies la Biblia, vas a encontrar la verdad. Esta verdad te hará libre de las mentiras destructivas y denigrantes que han controlado tus pensamientos, decisiones y autoimagen en el pasado y en el presente. La verdad de Dios te animará, te retará y restaurará tu confianza.

1. *¿De dónde proviene la Verdad real?* [48]

   ____

   ____

2. *¿De dónde ha surgido tu "verdad" pasada?* [49]

   ____

   ____

3. *¿Cuál de estas dos verdades te llevan a la esperanza?* [50]

   ____

   ____

PERCEPCIONES Y MENTIRAS FALSAS

Las percepciones nos atan al pecado, a la culpa y a las expectativas irreales. Su fuente quiere derrotar, controlar o manipular. Si la fuente eres tú, entonces se ha vuelto un mecanismo de defensa contra el dolor o es tu excusa para no cambiar.

> *Juan 10:10 (NVI): El ladrón no viene más que a robar, matar y destruir...*

Satanás hace esto al hacernos creer que no valemos nada. Incluso la mujer más hermosa no puede ver su belleza cuando se deja engañar por las mentiras.

La verdad es lo opuesto: somos libres para esperar, anticipar y disfrutar cosas buenas.

Pon una palomita a las actitudes o los pensamientos que han controlado tu vida, en el presente o en el pasado, en la siguiente lista. Estas reacciones ante el dolor emocional o físico a las que nos enfrentamos en la vida son reales, pero creer que no puedes cambiarlas es una mentira.

- □ No esperas nada de ti misma. Hablas de forma negativa sobre ti, no crees que puedas tener éxito, etc.

- □ Te sientes tonta. No crees que puedas aprender una nueva habilidad o tomar decisiones sabias.

- □ Sientes que no vales nada. Sientes que no tienes sentimientos o valor.

- □ Sientes lástima por ti misma. Estás atrapada en tu situación y constantemente le cuentas tu triste historia a todos sin hacer ningún cambio a nivel personal.

- □ Te sientes culpable. Te echas la culpa, aun si la tienes o no.

- □ Te odias a ti misma. Odias quien eres o quien no puedes ser.

- □ Te comparas a ti misma con otros y siempre te quedas corta.

- □ Consideras que eres fea y repugnante.
- □ Te sientes estancada o impotente. Pareciera que no puedes cambiar tu ciclo familiar, tus circunstancias actuales, los primeros años de tu vida familiar o tu estilo de vida.

4. *¿En dónde se originaron los pensamientos que provocaron estos comportamientos?* [51]

____

____

Gloria lo explica de la siguiente manera: "Necesito a Dios para que mi vida y las mentiras con las que he estado viviendo desde que era una niña ya no me derroten".

5. *¿Has sufrido alguna enfermedad mencionada más adelante a causa de esas creencias distorsionadas?*

____

____

Castigo al cuerpo: cortarte, anorexia, bulimia, malos hábitos de salud

Adicciones: alcohol, drogas, pornografía, adicciones sexuales, comida

Juan 10:10 (NVI): ...yo he venido para quetengan vida, y la tengan en abundancia.

6. *¿Quién desea darnos vida y gozo?*

____

____

7. *¿Qué nos permite recibir esta esperanza?* [52]

____

____

Juan 10:11 (NVI): Yo soy el buen pastor. El buen pastor da su vida por las ovejas.

8. *¿Quién nos amó lo suficiente como para morir por nosotros, y así pudiéramos ser amadas y vivir en la verdad?* [53]

____

____

Comencemos nuestra búsqueda de la verdad con esta autoevaluación y veamos cómo Dios puede sanar y restaurar una autoimagen torcida o dañada.

Vence la mentiras

Pasajes que te ayudaran a vencer las mentiras destructivas:

Mentira: Soy fea.

Verdad: *Fui creada a la imagen de Dios (Génesis 1:27)*

Mentira: Soy tonta.

Verdad: *Tenemos la mente de Cristo(1 Corintios 2:16)*

Mentira: No valgo nada.

Verdad: *Cuando todavía éramos pecadores, Cristo murió por nosotros. (Romanos 5:8)*

Mentira: Nunca voy a triunfar en algo.

Verdad: *Porque yo sé muy bien los planes que tengo para ustedes —afirma el Señor —, planes de bienestar y no de calamidad, a fin de darles un futuro y una esperanza. (Jeremías 29:11)*

Mentira: Nadie me puede amar y nadie se preocupa por mí.

Verdad: *El gran amor del Señor nunca se acaba, y su compasión jamás se agota. Cada mañana se renuevan sus bondades; ¡muy grande es su fidelidad! (Lamentaciones 3:22-23)*

¡Dios te ama!

Mentira: Amor significa vivir en temor.

Verdad: *El amor perfecto echa fuera el temor. (1 Juan 4:18)*

Al confiar en Dios, su amor echa fuera todos nuestros temores y nos muestra cómo reconocer un amor que no está basado en el temor.

Mentira: Siempre tendré una mala reputación.

Verdad: *Salmón, padre de Booz, cuya madre fue*

Rahab... (Mateo 1:5-6) (NVI): Rahab era conocida como una prostituta (Josué 2:1); sin embargo, en Mateo sólo se le conoce por estar en el linaje de Cristo. Dios restaura nuestra reputación cuando vivimos para él.

Mentira: Estoy derrotada.

Verdad: *El Señor está cerca de los quebrantados de corazón, y salva a los de espíritu abatido. (Salmo 34:18)*

Tal vez te sientas derrotada, pero Dios quiere sanar tu quebrantamiento.

Al sentirnos quebrados, perdemos autoestima y confianza, y esto nos lleva a la desesperanza, y nos hace más vulnerables al abuso y la manipulación. Creer que tenemos valor y que Dios nos ama nos equilibra y sana nuestras relaciones, amistades, familia, lugar de trabajo y nuestra hogar. El amor de Dios nos permite decir no cuando es necesario, sin sentir culpa o condenación. También establece límites sanos que nos ayudan (a nosotros y a nuestros hijos) a tomar mejores decisiones de vida.

Georgina tenía un corazón tierno, deseaba aprobación y quería mantener la paz a cualquier precio. Con los años, su familia utilizó sus cualidades tiernas para facilitar su estilo de vida egoísta y descuidado. Sentía que era mala si disciplinaba a sus hijos, que no era cariñosa si no servía a su esposo, y ambos la manipulaban para obtener lo que querían.

Se sentía amada cuando les servía, pero se llevaba la peor parte o siempre tenía la culpa cuando no lo hacía. Esa ya no era una relación bidireccional, pero Georgina no podía darse cuente de eso. Después de la muerte repentina de su esposo, comenzó a descubrir la verdad de Dios. Su autoimagen fue restaurada, y entonces entró en una nueva relación bien equilibrada con límites y confianza. Hoy está felizmente casada, ya no es sólo una facilitadora, y su esposo la ama y la respeta profundamente.

En las siguientes preguntas, no confundas un mal comportamiento con una mentira sobre quién eres. Por ejemplo: quizá sea verdad que eres, o has sido, una persona adicta, mentirosa, alcohólica, enojona o amargada. Esas son conductas que Dios te puede ayudar a superar. No cambian lo que tú eres ante los ojos de Dios. Eres una hija de Dios, a quien él desea bendecir y amar, ahora y para siempre.

9. *¿Cuáles son los pensamientos negativos más poderosos que crees que son ciertos acerca de ti?*

___

___

10. *¿Cómo han afectado estos las decisiones que has tomado en tu vida?*

___

___

11. *¿Puedes darte cuenta cómo esos nombres han dictado tu comportamiento en el pasado?*

____

____

12. *¿Quieres que esos nombres o pensamientos sigan controlando tu vida?*

____

____

Si tu respuesta es no, entonces haz comenzado a caminar hacia la verdad, el autorespeto y la autoestima.

Culpa y vergüenza

La culpa es buena cuando nos convence de nuestro mal comportamiento y nos motiva a cambiar. Sin embargo, la culpa no es un lugar para quedarte estacionada, y tampoco aplica después de que hemos pedido perdón. La falsa culpa también puede ser de gran peso cuando te culpas de algo que no eres responsable.

La vergüenza convive con los errores pasados. No te permite perdonarte a ti misma, aceptar el perdón de Dios o comenzar una nueva vida. Provoca que andes caminando en círculos con la cabeza agachada, sintiendo vergüenza por quién eres o por dónde has estado. Puede convertirse en una fiesta de lastima sin fin, causa soledad autoimpuesta o te lleva a desarrollar una actitud de mártir. ¡La culpa y la vergüenza te mantienen estancada!

Algunas tienen vidas más problemáticas que otras. Algunas han tomado malas decisiones, mientras que otras han sido víctimas de las decisiones y actitudes de alguien más. Independientemente de cómo hayamos llegado a nuestra situación actual, cuando elegimos seguirle, Dios nos da un botón de reinicio y una oportunidad de comenzar de nuevo.

> *2 Corintios 5:17 (NVI): Por lo tanto, si alguno está en Cristo, es una nueva creación. ¡Lo viejo ha pasado, ha llegado ya lo nuevo!*

13. *¿Hay un problema de culpa o vergüenza que te haya mantenido alejada de Dios?*

____

____

14. *¿Te ha mantenido atada a conductas destructivas?*

____

____

15. *¿Crees que la culpa o la vergüenza hayan destruido tu autoimagen o limitado tus posibilidades?*

____

____

16. *Por qué crees que una autoimagen negativa daña tus relaciones?* [54]

____

____

Deshazte de la culpa y la vergüenza

Paso 1: Pide perdón. Acepta el perdón de Dios.

> *1 Juan 1:9 (NVI): Si confesamos nuestros pecados, Dios, que es fiel y justo, nos los perdonará y nos limpiará de toda maldad.*

Arrepentimiento significa darle la espalda a nuestros pecados, no sólo decir que lo sentimos. Significa cambio. Buscar el perdón nos purifica lavándonos de nuestro pasado.

> *Salmo 32:5 (NVI): Pero te confesé mi pecado, y no te oculté mi maldad. Me dije: «Voy a confesar mis transgresiones al Señor», y tú perdonaste mi maldad y mi pecado. Toda la culpa se va.*

El rey David confesó un pecado terrible, un acto que le cambia la vida a la mayoría. Había cometido adulterio con la esposa de Urías, un amigo de confianza y uno de los valientes que había jurado lealtad a David. Luego David mandó a matar a Urías para tratar de encubrir su pecado. El bebé de ese pecado murió; sin embargo, el hijo que David y Betsabé engendraron más adelante fue Salomón, el sucesor de David en el trono.

Dios es un Dios de restauración y no de condenación.

> *Salmo 103:12 (NTV): Llevó nuestros pecados tan lejos de nosotros como está el oriente del occidente.*

17. *¿Qué tan lejos están tus errores?* [55]

____

____

Si necesitas buscar el perdón de Dios, simplemente ora estas palabras:

Dios Padre, hoy te pido que perdones mis pecados, todas las cosas que he hecho mal en mi vida, pido perdón por las personas que he herido, la manera en la que he odiado a otros y a mí misma. Perdóname Padre. Creo que Jesús murió en la cruz para limpiar mis pecados y acepto tu perdón. Lléname de tu amor para poder amarme a mí misma y también a los demás. Gracias, Jesús, por salvarme, por rescatarme de mi pasado y ponerme en el camino hacia el futuro que tú has planeado para mí. En el nombre de Jesús, amén.

Ahora eres libre.

> *Proverbios 26:11 (NVI) Como vuelve el perro a su vómito, así el necio insiste en su necedad.*

No regreses a él.

Paso 2: Cambia tu forma de pensar

Tan sólo con aceptar el hecho de que Dios te ama como su hija, comenzará en ti el proceso de cambio de manera natural.

Romanos 12:2 (NVI): No se amolden al mundo actual, sino sean transformados mediante la renovación de su mente.

Así podrán comprobar cuál es la voluntad de Dios, buena, agradable y perfecta.

18. *¿Cómo renuevas tu mente?* [56]

____

____

19. *¿Qué pensamientos molestos de baja autoestima te hacen retroceder?*

____

____

20. *¿Qué pasaje de la Palabra te ayudaría a cambiar esa forma de pensar?*

____

____

Aprende a utilizar una concordancia para encontrar versículos que te ayuden. Una concordancia es una lista, en orden alfabético, de palabras, temas o personajes que puedes encontrar en la mayoría de las Biblias. Es una herramienta útil para encontrar pasajes específicos sobre el amor, el perdón, los pensamientos, etc. También puedes visitar biblegateway.com o hacer una búsqueda en Internet del tema que te interese.

> *Filipenses 4:8-9 (NTV): Y ahora, amados hermanos, una cosa más para terminar. Concéntrense en todo lo que es verdadero, todo lo honorable, todo lo justo, todo lo puro, todo lo bello y todo lo admirable. Piensen en cosas excelentes y dignas de alabanza.*

> *No dejen de poner en práctica todo lo que aprendieron y recibieron de mí, todo lo que oyeron de mis labios Piensen en cosas excelentes y dignas de alabanza. Entonces el Dios de paz estará con ustedes.*

Enfocarse en los atributos positivos es el comienzo para cambiar tu forma de pensar.

> *Salmo 118:24 (NTV): Este es el día que hizo Jehová; Nos gozaremos y alegraremos en él.*

Enlista tres características positivas sobre ti:

____

____

____

Sé que es difícil cambiar tu forma de pensar, pero es necesario que lo hagas para deshacerte de una autoimagen oscura y dañina. Una buena autoimagen es clave para poder amarte a ti misma.

Esta semana hemos visto cómo las verdades bíblicas pueden liberarte de la culpa, la vergüenza y de los pensamientos destructivos. La verdad te permite amarte a ti misma, volverte a respetar y caminar como debes ser tratada, así que no te conformes con algo que sea menos que eso.

¿Puedes entender por qué el amor se “regocija con la verdad”?

Reto: esta semana sólo expresa palabras positivas sobre ti misma, ¡todo el tiempo! Pega versículos sobre la verdad en tu casa. Mantenlos a la vista y léelos en voz alta para contradecir las mentiras destructivas que entren a tu mente.

Notas y reflexiones

¿Qué mentira has decidido vencer esta semana?

____

____

____

____

¿Qué problema de culpa o vergüenza ya no te controla más?

____

____

____

____

¿Qué versículos has decidido aprender de memoria esta semana?

____

____

____

____

¡El amor cambia todo!

Semana cinco: ama a tus enemigos

El amor no guarda rencor

Ama a aquellos que te odian

Ahora que ya has comprendido el gran amor que Dios tiene por ti, y ya le estás expresando tu amor y estás aprendiendo a amarte a ti misma; ahora es tiempo de amar a aquellos que te odian y amar a los que tú odias.

Coloqué intencionalmente la enseñanza de esta semana *después* de profundizar en tu relación de amor con Dios y *antes* de hablar de tus relaciones con otros. El amor de Dios te empodera para poder dejar atrás tu carga emocional para que tu odio, amargura y dolor ya no entorpezcan tus relaciones presentes o futuras. Te explicaré cómo a través de las escrituras que estudiaremos esta semana.

Quizá te estés preguntando: "¿Porqué debo amarlos?" Veamos, entonces, lo que dicen las Escrituras sobre qué significa amar a tus enemigos y por qué es importante para ti amarlos.

Lucas 6:27 (NTV): A los que están dispuestos a escuchar, les digo: ¡amen a sus enemigos! Hagan bien a quienes los odian.

> *Mateo 5:43-48 (NTV): Han oído la ley que dice: "Ama a tu prójimo" y odia a tu enemigo. Pero yo digo: ¡ama a tus enemigos! ¡Ora por los que te persiguen! De esa manera, estarás actuando como verdadero hijo de tu Padre que está en el cielo. Pues él da la luz de su sol tanto a los malos como a los buenos y envía la lluvia sobre los justos y los injustos por igual. Si solo amas a quienes te aman, ¿qué recompensa hay por eso? Hasta los corruptos cobradores de impuestos hacen lo mismo. Si eres amable solo con tus amigos,¿en qué*

te diferencias de cualquier otro? Hasta los paganos hacen lo mismo. Pero tú debes ser perfecto, así como tu Padre en el cielo es perfecto.

1. *Nombra a una persona que odias hoy. (Si no puedes decir que odias a alguien, entonces nombra a la persona que más te ha lastimado con sus palabras o acciones).*

   ____

   ____

2. *¿Qué sentimientos o emociones te vienen a la mente cuando piensas en esa persona?* [57]

   ____

   ____

No te di mucho espacio para escribir porque no quiero que pases mucho tiempo pensando en esa persona.

3. *¿Crees que el enojo que sientes hacia esa persona ha afectado tus relaciones con los demás? Si tu respuesta es sí, ¿en qué forma, y si es no, ¿por qué no?*

   ____

   ____

4. *¿Cómo reaccionas o respondes a esta persona cuando tienes que hablar con ella o estar en*

el mismo lugar (palabras, temperamento, comportamiento, lenguaje corporal)?

____

____

5. *¿Cómo reaccionas cuando estás con otros y el nombre de esa persona se menciona o está presente (qué sientes o dices)?* [58]

____

____

Nuestras reacciones son con frecuencia patrones de comportamiento aprendidos. Tu comportamiento se rige por una persona que ni si quiera te agrada, y realmente eso te mantiene bajo su control. La persona que *odias* quizá ya no sea parte de tu vida, o incluso esté muerta, pero aún controla las reacciones en tu vida.

> *Proverbios 25:21-22 (NTV) Si tus enemigos tienen hambre, dales de comer. Si tienen sed, dales agua para beber. Amontonarás carbones encendidos de vergüenza sobre su cabeza, y el Señor te recompensará.*

6. *¿En qué te beneficia ser amable con tus amigos?* [59]

____

____

Amar a tu enemigo es dejar en el pasado situaciones que aún tienen una influencia en tu vida ahora. (Si estás viviendo con tu "enemigo", necesitas protegerte a ti misma y a tu familia de comportamientos destructivos). Ser amable te protege de ser como tu enemigo, pero no significa que debes permitir, o generar excusas (dar permiso) para que continúe lastimándote con sus comportamientos y decisiones inadecuados.

Si no quieres que tu vida sea controlada por las palabras o acciones de tu enemigo, tienes que soltar el dolor, el pasado e incluso su intrusión actual en tu vida. Esto no es un sentimiento, es una decisión.

Toma nuevas decisiones:

- Decide cambiar tu actitud
- Decide perdonar (hablaremos sobre esto más adelante)
- Decide protegerte a ti misma de un daño en el futuro
- Decide seguir adelante con tu vida en lugar de mirar atrás, complaciendo o alimentando tu ira

Cambia tu actitud

No puedes cambiar la actitud de alguien más; así que olvida ese pensamiento también. ¡Sólo puedes cambiarte *tú*!

> *Romanos 15:5 (NVI): Que el Dios que infunde aliento y perseverancia les conceda vivir juntos en armonía, conforme al ejemplo de Cristo Jesús...*

Con la ayuda de Dios podemos cambiar nuestra actitud hacia quien sea. Eres capaz de *soltar* cuando le entregas a Dios a tus enemigos. Deja que Dios se encargue de ellos, que él los juzgue, que él los sane o los condene. ¡Ese es trabajo de Dios, no tuyo!

> *Éxodo 23:22 (NVI): Si lo obedeces y cumples con todas mis instrucciones, seré enemigo de tus enemigos y me opondré a quienes se te opongan.*

> *Proverbios 16:7 (NTV) Cuando la vida de alguien agrada al Señor, hasta sus enemigos están en paz con él.*

Sé positiva

> *Efesios 4:22 (NTV): Desháganse de su vieja naturaleza pecaminosa y de su antigua manera de vivir, que está corrompida por la sensualidad y el engaño.*

7. *¿Qué pensamientos puedes cambiar acerca de la persona que "odias"?*[60]

____

____

8. *Piensa en por lo menos una reacción que puedas cambiar cuando te encuentres con esa persona en el futuro.* [61]

____

____

Decide perdonar

Perdonar significa *otorgar perdón*, pero también significa *dejar de sentir resentimiento.*

¿Por qué debemos hacer esto?

La Biblia nos dice que debemos perdonar:

> *Mateo 6:12 (NVI): Perdónanos nuestras deudas, como también nosotros hemos perdonado a nuestros deudores.*
>
> *Mateo 6:14 (NVI): Porque si perdonan a otros sus ofensas, también los perdonará a ustedes su Padre celestial.*
>
> *Lucas 6:37 (NVI): No juzguen, y no se les juzgará. No condenen, y no se les condenará. Perdonen, y se les perdonará.*

Deja que Dios sea el que juzgue.

El perdón te libera para poder vivir en paz:

> *Romanos 12:17-21 (NTV): No paguen a nadie mal por mal. Procuren hacer lo bueno delante de todos. Si es posible, y en cuanto dependa de ustedes, vivan en paz con todos. No tomen venganza, hermanos míos, sino dejen el castigo en las manos de Dios, porque está escrito: "Mía es la venganza; yo pagaré", dice el Señor. Antes bien, "Si tu enemigo tiene hambre, dale de comer; si tiene sed, dale de beber. Actuando así, harás que se avergüence de su conducta". No te*

dejes vencer por el mal; al contrario, vence el mal con el bien.

Colosenses 3:12-15 (NVI): Por lo tanto, como escogidos de Dios, santos y amados, revístanse de afecto entrañable y de bondad, humildad, amabilidad y paciencia, de modo que se toleren unos a otros y se perdonen si alguno tiene queja contra otro. Así como el Señor los perdonó, perdonen también ustedes. Por encima de todo, vístanse de amor, que es el vínculo perfecto. Que gobierne en sus corazones la paz de Cristo, a la cual fueron llamados en un solo cuerpo. Y sean agradecidos.

¡El perdón puede mejorar tu salud! Incluso la Clínica Mayo en los Estados Unidos tiene algo que decir al respecto del perdón, y prueba cómo dejar ir los resentimientos y la amargura puede llevarnos a tener a una vida más feliz y saludable: [62]

Dejar atrás los resentimientos y la amargura puede dar lugar a la felicidad, la salud y la paz. El perdón puede ayudarnos a tener:

- *Relaciones más saludables*
- *Mejor bienestar espiritual y psicológico*
- *Menos ansiedad, estrés y hostilidad*
- *Buena presión arterial*
- *Menos síntomas de depresión*
- *Un sistema inmunológico más fuerte*
- *Un corazón más saludable*

- *Mejor autoestima*

Estefanía había planeado ir a dejar a su hija a una iglesia local, regresar a casa para tomarse otra cerveza y luego suicidarse. Pero Dios había planeado que una mujer de la iglesia saliera corriendo hacia el carro de Estefanía cuando llegara con su hija, y la invitara a pasar a la iglesia.

Estefanía no iba vestida para ir a la iglesia (iba en pijama), quería beberse esa cerveza y quería vengarse de su hermana. Una mujer escuchó la indicación de Dios y decidió rechazar todas las excusas de Estefanía. La convenció de entrar a la iglesia y se sentó con ella, y esa noche Estefanía le entregó su corazón al Señor. ¡Nunca volvió hacer la misma! Ama a Dios, a su hijita, a su iglesia e incluso su hermana es su mejor amiga. Dios puede ablandar y sanar incluso los corazones endurecidos, y ofrecernos un nuevo futuro cuando ponemos en sus manos nuestra ira y enemigos.

Cuando amamos a nuestros enemigos, dejamos de ser mujeres sin autoridad y con amargura. Dejamos lugar para que Dios haga su obra en nosotras cuando quitamos la ira del camino.

Alicia fue a un retiro de madres solteras llena de ira y amargura hacia su excsposo y la mujer por la que la dejó. El día que llegó al retiro, recibió una llamada dándole la noticia de que su ex había muerto. Sus emociones eran muy encontradas, ya que todavía lo amaba, aunque lo odiaba por haberla herido. Esa tarde Alicia escuchó un mensaje acerca del perdón y la necesidad de soltar heridas del pasado por su propio bienestar. Ella decidió darle su corazón al Señor y dejar ir su odio.

La historia no termina ahí. Al año siguiente regresó al retiro con la viuda de su exesposo. La mujer que había sido su enemiga ahora se había convertido en su amiga. La viuda dijo, "Vi un cambio tan grande en Alicia después de que vino a este retiro que le dije que necesitaba lo que sea que había encontrado, y le pedí que me trajera con ella este año". Ambas mujeres fueron liberadas de la amargura y la culpa, y fueron capaces de orar juntas, de dejar atrás su pasado y de seguir hacia adelante con sus vidas en paz.

Estas mujeres tenía buenas razones para odiar, pero decidieron perdonar. Y gracias a eso, ahora tienen nuevas vidas plenas, libres para crear relaciones saludables y mejores.

Decide protegerte a ti misma de un daño en el futuro

Mateo 10:16 (NTV): Miren, los envío como ovejas en medio de lobos. Por lo tanto, sean astutos como serpientes e inofensivos como palomas.

9. *¿Qué quiere decir esto para ti?* [63]

___

___

Lucas 9:5 (NVI): Si no los reciben bien, al salir de ese pueblo, sacúdanse el polvo de los pies como un testimonio contra sus habitantes.

10. *¿Cómo aplica esto a tus enemigos?* [64]

___

___

11. *¿Por qué Jesús está compartiendo esto con sus discípulos?*[65]

___

___

Decide avanzar

Filipenses 3:13 (NVI): Más bien, una cosa hago: olvidando lo que queda atrás y esforzándome por alcanzar lo que está delante.

Jeremías 29:11 (NVI): Porque yo sé muy bien los planes que tengo para ustedes —afirma el Señor—, planes de bienestar y no de calamidad, a fin de darles un futuro y una esperanza.

Es tiempo de dejar de mirar hacia atrás y empezar a ver hacia adelante con una actitud positiva.

12. *¿Has renunciado a un sueño o has perdido tu camino? ¿Estás buscando un nuevo sueño?*

____

____

¡No te des por vencida!

Mateo 19:26 (NVI): ...para Dios todo es posible.

Salmo 147:3 (RVR): El sana a los quebrantados de corazón, Y venda sus heridas.

Dios hace lo imposible cuando nos ayuda a perdonar a otros y a nosotros mismos. Nos enseña cómo amar a nuestros enemigos para que su comportamiento no afecte el nuestro. Nos da nuevas actitudes, mejor salud y pensamientos positivos cuando decidimos perdonar. Buscar la sabiduría de Dios nos protege de ser lastimados en el futuro y nos permite dejar atrás el pasado. *"El amor no guarda rencor"* ¡Es tiempo de avanzar!

¿Estás lista ahora para quitar el odio hacia los enemigos que enlistaste en la pregunta uno, y abrazar un futuro más saludable para ti?

Reto: comparte con tu grupo o escribe un paso que has decidido dar para amar a tus enemigos esta semana. Platica cómo quieres reaccionar ante esa persona y reporta lo que pase, la siguiente semana.

Notas & reflexiones

Memoriza uno de los versículos que te ha ayudado esta semana. ¿Por qué escogiste ese versículo?

____

____

____

____

____

¡El amor cambia todo!

Semana seis: ama a tus hijos

El amor siempre protege

El amor es paciente. El amor es bondadoso. El amor siempre protege.

NOTA: *Esta semana no se trata de los errores que has cometido o de dejar que la culpa te inunde. Se trata de crecer en amor, desarrollar nuevas estrategias de crianza y apartarte de patrones generacionales destructivos. Si has hecho las cosas mal, pide perdón tanto a Dios como a tus hijos, y sigue adelante. El perdón de Dios es inmediato, pero sólo él puede ablandar el corazón de tu hijo o hija. Dales tiempo. Además, toma en cuenta que quizá tú hagas todo bien, pero tus hijos tienen voluntad propia para tomar sus propias decisiones. Podemos enseñar y guiar, pero no podemos forzarlos a tomar las decisiones correctas. Si tienes un hijo o hija rebelde, lucha contra la fuerza que quiere su alma, no con tu hijo. Ora, no te des por vencida y mantente firme.*

Hay tres aspectos específicos que incluye la frase "el amor siempre protege" y los estudiaremos esta semana: seguridad, disciplina y estabilidad económica. Son importantes en el desarrollo óptimo de cualquier niño y tendrán un impacto en su futuro. Si los hijos no se sienten seguros, no tienen límites o carecen de responsabilidad financiera, entonces no tiene protección contra el mundo y no adquirirán las habilidades necesarias para triunfar como adulto.

Incluso cuando queremos hacer lo mejor para nuestros hijos, a veces es difícil saber por dónde empezar. Es especialmente difícil si fuimos criados en un ambiente que no fomentó el amor, la protección o la disciplina paciente y bondadosa. Una vez más estudiaremos las Escrituras para dirigirnos hacia el amor que siempre protege.

PROTECCIÓN en tu hogar: Seguridad

> *Nehemías 12:30 (NVI): Después de purificarse a sí mismos, los sacerdotes y los levitas purificaron también a la gente, las puertas y la muralla.*

Esta historia es sobre un hombre llamado Nehemías y sobre cómo reconstruyó los muros de Jerusalén. Se suponía que esos muros debían proteger al pueblo, la familia de Dios. Sin embargo; años de negligencia, y después de haber abandonado a Dios y desobedecer, los muros habían sido destruidos. Nehemías tuvo la visión de reconstruirlos para que los israelitas estuvieran protegidos una vez más. Enfrentó fuertes burlas y oposición. El pueblo trabajó con la pala en una mano, reparando las murallas, y con la espada en la otra, combatiendo al enemigo. Al final, cantaron canciones de victoria y celebración. Se purificaron y dedicaron las puertas de las murallas al Señor. Muchas de nosotras necesitamos reconstruir los muros caídos de nuestros hogares hoy.

> Sonia se acercó a mí después de un retiro y me dijo: "He estado viviendo con un hombre que a veces es muy lindo, pero otras veces toma y consume drogas. Lo amo, aunque a veces me da miedo, pero no sé cómo sobreviviría si lo echo de la casa... y es desolador estar sola".

Aun la mamá más cariñosa puede ser vulnerable e inconscientemente puede poner a sus hijos en peligro emocional o físico. Estudios han demostrado que el miedo, la ansiedad y la ira afectan el desarrollo mental y físico de un niño.

Cuando un niño ya no está seguro, la frustración y la ira crecen porque no puede protegerse a sí mismo o proteger a la madre que ama. Puedo mencionar muchas estadísticas sobre niños en hogares donde hay abuso y temor, pero prefiero enfocarme en las promesas de Dios para aquellos que le dan su corazón, reparan sus murallas de protección y viven su fe.

Nota [66]

1. *¿Vives en temor o con el alma en un hilo?*

   ____

   ____

Si es así, entonces tus hijos viven así.

2. *¿Mereces ser tratada con respeto y cariño, y tus hijos merecen un hogar sin violencia y miedo?*

   ____

   ____

> ¿Recuerdas a Carolina en la semana 4? No se dio cuenta de que las amenazas de suicidio y violencia se habían vuelto su forma normal de vida. Carolina accionó y tomó decisiones difíciles cuando eligió reconstruir sus muros de protección.

La historia de Carolina parece muy extrema, pero quiero que veas cómo las murallas de protección cuarteadas o destruidas sólo empeorarán si no se identifican y se reparan.

> El hogar de Ester lo conformaba el hombre que amaba, el alcohol, la depresión y un arma. Una noche, recibí una llamada avisándome que Ester había muerto. ¿Fue suicidio o asesinato? A pesar de que él estaba en el cuarto con ella, la historia de su novio decía que había sido suicidio, pero nunca lo sabremos. De cualquier forma, sus murallas se desmoronaron, se sintió derrotada y no tenía protección. Sus hijos no estaban en ese momento, pero aún viven con los efectos de un hogar sin protección y la pérdida de su madre.

Nehemías reconoce que los muros destruidos han dejado a su pueblo en un constante estado de miedo y derrota. Oró pidiendo la ayuda y dirección de Dios porque sabía que él no podía reconstruir los mulos solo. Puedes leer en Nehemías 1:3-9 que él se prepara para los retos que enfrentará al reconstruir los muros. Oró y ayunó para recibir la dirección de Dios. Buscó el perdón de sus propios pecados y fallas. Encontró valor al recordar el amor de Dios y sus promesas. Su pasión por un futuro mejor (reconstruyendo los muros) le dio la fuerza para enfrentar las burlas, las tentaciones a superar y los ataques de sus enemigos.

¿Será tiempo de reconstruir los muros caídos de tu hogar?

Nehemías tenía una pasión por regresarle a su pueblo esperanza y protección. Me encanta el libro de Nehemías porque es un hombre ordinario en una misión que *cambió el curso de su pueblo*. Se sobrepuso al temor, resistió la tentación e hizo lo imposible en tiempo record porque sabía que Dios estaba con él.

3. *¿Crees que tu hogar es siempre un lugar seguro para tus hijos?*

   ____

   ____

4. *¿Qué es lo que haría sentir inseguros a tus hijos?*

   ____

   ____

5. *¿Permites que haya la posibilidad de un daño potencial en tu hogar debido a los amigos con los que te relacionas? Ejemplos: alguien drogadicto, alguien que se enoja fácilmente, que es volátil, depredadores sexuales (un hombre que espera o demanda sexo).*

   ____

   ____

1 Corintios 15:33 (NVI): No se dejen engañar: "Las malas compañías corrompen las buenas costumbres".

6. *¿Tus hijos han expresado sus temores con palabras o acciones?*

____

____

7. *¿Cómo has respondido?*

____

____

8. *¿Todavía necesitas accionar para hacer de tu hogar un lugar seguro?*

____

____

9. *¿Necesitas ayuda para dar este paso?*

____

____

10. *¿Quién puede ayudarte?* [67]

____

____

La soledad es un problema serio, pero debes elegir bien tus actividades y amistades, especialmente aquellas que permites entrar a tu hogar. Ese es un propósito por el que existe la familia de la iglesia, para ayudarte a crear lazos sociales y emocionales de amistad, unos con otros, en un ambiente seguro y cariñoso. Obviamente, no todo el que se llama a sí mismo cristiano vive de esa manera. Debemos aprender a confiar, pero también a ser sabios en cuanto a nuestras amistades. Aprendes mucho de una persona observando a sus amigos, su reputación personal e historia de integridad.

> *Hebreos 10:24-25 (NVI): Preocupémonos los unos por los otros, a fin de estimularnos al amor y a las buenas obras. No dejemos de congregarnos, como acostumbran hacerlo algunos, sino animémonos unos a otros, y con mayor razón ahora que vemos que aquel día se acerca.*

He enfatizado las relaciones peligrosas porque ese es un factor muy importante para madres solteras. Sin embargo; un hogar sin protección puede también incluir uno que carezca de alimentación adecuada o supervisión educativa, y permita el uso sin supervisión de la televisión/la Internet/el celular o propicie cualquier otra actividad que permita que tu o tus hijos sean vulnerables al abuso o al fracaso.

PROTECCIÓN en tu hogar: Disciplina

Recuerda, los límites *son* protección.

La amistades o relaciones dañinas pueden no ser un problema, pero la falta de autodisciplina o de límites puede ser igual de destructiva.

No todos los padres solteros provienen de un hogar abusivo. Muchos crecieron en excelentes hogares y con familias maravillosas. Algunos tienen buenas habilidades para criar hijos y sistemas de apoyo, mientras que otros no tienen guía o ayuda; quizá no sepan ni por dónde empezar. Algunos podrán decir, "la disciplina es mala" porque se aplicó de una manera violenta, mientras que otros saben que la disciplina es una muestra de amor porque desarrolla una conducta de respeto y responsabilidad, cuando se aplica de manera correcta. La clave para proteger a nuestros hijos depende de cómo los disciplinemos y qué tipo de límites establezcamos.

La Palabra de Dios es nuestra mejor guía para la autodisciplina y para disciplinar y preparar a nuestros hijos para la vida adulta.

Medita cómo cada uno de estos pasajes habla sobre el amor y te dice cómo proteger a tus hijos.

> *Proverbios 22:6 (NVI): Instruye al niño en el camino correcto, y aun en su vejez no lo abandonará.*

11. *¿Cuándo es el mejor momento para enseñarle a nuestros hijos principios divinos?*

    ____

    ____

12. *¿Qué promesa y esperanza tenemos en Dios?*

    ____

    ____

> *Proverbios 13:24 (RVR) El que detiene el castigo, a su hijo aborrece; mas el que lo ama, desde temprano lo corrige.*

13. *¿La disciplina es un acto de qué tipo?* [68]

____

____

El cayado o la vara del pastor no se utilizaba para herir a la oveja, sino para guiarla durante el viaje. Era utilizado para indicarle el camino, librarla de los peligros, ayudarla cuando se desviaba, protegerla de los depredadores y guiarla a pastos tranquilos donde podía crecer segura.

> *Proverbios 15:5 (RVR): El necio menosprecia el consejo de su padre; mas el que guarda la corrección vendrá a ser prudente.*

14. *¿Qué es lo que desarrolla la disciplina?* [69]

____

____

Si tú amas a tu hijo, tienes que responder ante un comportamiento inadecuado, pero una reacción precipitada casi siempre hace daño. Una reacción precipitada es una explosión espontánea usualmente llena de palabras ásperas de ira y un castigo excesivo. Sin embargo, una respuesta significa tomarse el tiempo para detenerse, pensar y orar antes de responder.

> *2 Timoteo 3:16-17 (NVI): Toda la Escritura es inspirada por Dios y útil para enseñar, para reprender, para corregir y para instruir en la justicia, a fin de que el siervo de Dios esté enteramente capacitado para toda buena obra.*

15. *¿Cuál es nuestro mejor manual para madres?*[70] *¿por qué?*

____

____

Hebreos 12:9 (NVI): Después de todo, aunque nuestros padres humanos nos disciplinaban, los respetábamos.

16. *¿Qué es lo que produce la disciplina cuando se aplica correctamente?*[71]

____

____

Efesios 6:1-4 (NTV): Hijos, obedezcan a sus padres porque ustedes pertenecen al Señor, pues esto es lo correcto. «Honra a tu padre y a tu madre». Ese es el primer mandamiento que contiene una promesa: si honras a tu padre y a tu madre, «te irá bien y tendrás una larga vida en la tierra». Padres, no hagan enojar a sus hijos con la forma en que los tratan. Más bien, críenlos con la disciplina e instrucción que proviene del Señor.

17. *¿Qué ayuda a un hijo a respetar a sus padres?*[72]

____

____

18. *¿Por qué es importante enseñarle a tus hijos respetar a los mayores?* [73]

____

____

Tus métodos disciplinarios necesitan ayuda si:

- ☐ Das advertencias, pero nunca las llevas a cabo.
- ☐ Tus amenazas son irreales (no puedes llevarlas a cabo).
- ☐ Tu hijo o hija se sale con la suya porque estás cansado de discutir.
- ☐ Tu hijo o hija se siente con autoridad, mimado o especial al punto de esperar que otros hagan cosas que ellos mismos pueden hacer.
- ☐ Tu hijo o hija es malagradecido al recibir regalos o gestos bonitos.
- ☐ Creas excusas para justificar el mal comportamiento, la falta de responsabilidad o las actitudes egoístas de tu hijo o hija.

Metas de disciplina:

19. *Dale a tu hijo una advertencia, luego prosigue con el castigo preacordado como puede ser tiempo en el rincón, pérdida de un privilegio, etc. Que no haya sorpresas o retraso en el castigo.* [74]

____

____

20. *Nunca amenaces con un castigo que no puedes, ni podrías, aplicar.*[75]

____

____

21. *Cumple tu palabra siempre si quieres cambiar patrones de comportamiento.* [76] *Esto requiere disciplina de tu parte.*

____

____

22. *Guarda sus secretos y gánate su confianza, permite que haya una comunicación abierta, especialmente cuando realmente te necesitan.* [77]

____

____

23. *Cumple tu palabra. Esto desarrolla un sentido de seguridad.*[78]

____

____

24. *Enseña responsabilidad e integridad.* [79]

____

____

25. *Encierra en un círculo un elemento de las listas anteriores para trabajar en ellos esta semana.*

____

____

La historia de Lois: Recuerdo cuando comencé a utilizar estos métodos de disciplina. Después de una semana corta, nuestro hogar estuvo en calma. Mis hijos sabían qué esperar, no explotaba en ira y frustración con tanta frecuencia, y mis hijos estaban aprendiendo que sus decisiones terminaban en recompensas o consecuencias. Ya no era la mamá mala porque ahora tenían que hacerse responsables de su propio comportamiento. Hoy ya todos mis hijos son adultos trabajadores, y han hallado gracia en sus trabajos porque aprendieron acerca de sus decisiones y el respeto cuando eran pequeños.

PROTECCIÓN en tu hogar: Finanzas [80]

> *1 Timoteo 5:8 (NVI): Aquellos que se niegan a cuidar de sus familiares, especialmente los de su propia casa, han negado la fe verdadera y son peores que los incrédulos.*

La palabra *proveer* en griego significa pensar anticipadamente, así como cuidar y proveer para alguien.

Esto tiene que ver con lo que haces con tu dinero, no con cuánto tienes.

Presupuesto:

26. *¿Tienes un presupuesto? Si no, ¿estás dispuesta a que alguien te ayuda a hacer uno?* [81]

____

____

27. *¿A quién le puedes pedir que te ayude a hacer un presupuesto?*

____

____

28. *Si tienes un presupuesto, ¿lo respetas?*

____

____

Comidas:

29. *¿Tienes un plan de comidas para la semana que se ajuste a tu presupuesto?*

____

____

30. *¿Compras sabiamente para mantenerte dentro de tu presupuesto? (No compras impulsivamente, no compras comida chatarra o alimentos congelados que cuestan el doble y alimentan a menos personas).*

____

____

31. *¿Sabes cómo cocinar desde cero, y no sólo preparas alimentos congelados?*

____

____

32. *¿A quién podrías pedirle que te ayudara a mejorar tus habilidades culinarias?*

____

____

También puedes buscar en Google "cocinar con presupuesto" o "comidas fáciles y saludables" para encontrar ideas rápidas, fáciles y dentro de tu planes.

Tarjetas de crédito:

33. *¿Quedas a deber dinero a tu tarjeta(s) de crédito cada mes?*

____

____

34. *¿Has calculado cuánto interés estás pagando cada mes por ese saldo vencido?*

____

____

Normalmente se le agrega un 17% o más a esa deuda. Los pagos mínimos nunca liquidaran la deuda.

¿Conoces a alguien que te pueda asesorar en cómo pagar tus tarjetas de crédito?

Si no se te ocurre nadie, pregúntale a los miembros de tu grupo, a tu pastor o visita tu banco local. Algunos bancos tienen programas especiales para ayudar a madres solteras.

Dar:

35. *¿Diezmas en tu iglesia? (El diezmo es el 10% de tu ingreso).*

____

____

El diezmo es un principio que quizá no tenga sentido para ti, pero Dios asombrosamente provee a aquellos que diezman. (El diezmo es el 10% de tu ingreso).

> *Malaquías 3:8-10 (NVI): ¿Acaso roba el hombre a Dios? "¡Ustedes me están robando!" Y todavía preguntan: "¿En qué te robamos?" "En los diezmos y en las ofrendas. Ustedes —la nación entera— están bajo gran maldición, pues es a mí a quien están robando. Traigan íntegro el diezmo para los fondos del templo, y así habrá alimento en mi casa. Pruébenme en esto —dice el Señor Todopoderoso—, y vean si no abro las compuertas del cielo y derramo sobre ustedes bendición hasta que sobreabunde".*

El Nuevo Testamento también habla sobre el diezmo:

> *Mateo 23:23 (NVI): ¡Ay de ustedes, maestros de la ley y fariseos, hipócritas! Dan la décima parte de sus especias: la menta, el anís y el comino. Pero han descuidado los asuntos más importantes de la ley, tales como la justicia, la misericordia y la fidelidad. Debían haber practicado esto sin descuidar aquello.*

Sé ejemplo

Nosotras somos ejemplo a nuestros hijos con nuestros hábitos, actitudes hacia el trabajo e independencia (o dependencia):

- Al hablar mal de un jefe, enseñamos falta de respeto.
- Intenta expresar palabras de agradecimiento por tu trabajo y verás cómo cambia tu actitud.
- Busca mejor capacitación o educación para mejor tus oportunidades laborales. Si pones estos ejemplos a tu hijos, esto les ayudará a establecer metas y buscar posibilidades ilimitadas para su futuro.

36. *¿Crees que le estás enseñando a tu hijo o hija a tener éxito en la vida?*

____

____

37. *¿En qué forma lo estás haciendo o no lo estás haciendo?*

____

____

38. *¿Permites que tus hijos piensen por sí mismos y tomen decisiones sabias?*[82]

____

____

39. *¿Les estás enseñando una buen ética de trabajo que los ayudará a tener éxito en la escuela y en el lugar de trabajo?* [83]

____

____

La historia de Lois: cuando era joven, supervisaba a dos señoritas meseras preparatorianas, María y Georgina. María ganaba el doble o triple de propinas que Georgina y comenzó a quejarse de que María tenía los mejores turnos o los mejores clientes, y por eso ganaba tan buenas propinas.

Traté de explicarle a Georgina que ambas trabajaban los mismos turnos y con frecuencia atendían a los mismos clientes. La diferencia: María sonreía, era amigable y disfrutaba servir a los clientes, mientras que Georgina siempre se veía estresada o enojada cuando los clientes la llamaban.

María llegó a ser una gran enfermera y tiene una maravillosa familia; Georgina, al parecer, no pudo triunfar en ninguno de sus trabajos o en su vida. Ambas chicas provenían de hogares problemáticos, pero la familia de María le enseñó responsabilidad y respeto, y le dio la esperanza de un futuro mejor; mientras que la familia de Georgina se quedó atorada en un patrón generacional de autocompasión. Georgina no contó con el amor de padres que la protegieran de una vida de fracasos.

Escribe por lo menos un paso que puedes dar para mejorar las finanzas de tu familia.

____

____

Escribe una ayuda y una meta que vas a implementar para establecer límites para tus hijos.

____

____

Escribe un cambio que harás para que tu hogar sea un lugar más seguro para tu familia.

____

____

Esta semana has redactado metas para amar a tus hijos en tres áreas específicas: seguridad, disciplina y finanzas. ¡Ahora es tiempo de orar y de accionar!

La historia de Lois: me protegí a mí misma aislándome. Nadie, bueno o malo, podía meterse a nuestra vida. Pero no podía reconstruir mis muros destruidos yo sola.

Una cariñosa familia en Cristo fue la que reemplazó los muros de aislamiento y levantó muros de protección. Reconstruí los muros de disciplina al establecer nuevos límites en nuestro hogar. Conseguí asesoría financiera sólida que me ayudara a administrar mis escasos fondos. Nuestros muros fueron reconstruidos con una pala de trabajo duro y decisiones difíciles, y con una espada que fue la Palabra de Dios que quitó mis dudas, miedos y tentaciones.

Reto: Nehemías no reconstruyó los muros él solo tampoco. ¡Junta a tu equipo! Necesitarás gente que ore, te anime, te aconseje y que trabaje contigo para reconstruir los muros que se han caído, porque *el amor siempre protege.*

Notas y reflexiones

¿Qué versículo o idea de esta lección quisieras recordar más?

____

____

____

____

____

¿Qué impacto tuvo en tu vida?

____

____

____

____

____

¡El amor cambia todo!

Semana siete: ama a tus amigos

El amor no tiene envidia

Los celos y la deshonra dividen a los amigos.

Como madres solteras, a veces podemos desgastar a nuestros amigos y familia con nuestros problemas. Nuestras dificultades nos ciegan a las necesidades y sentimientos de los que nos rodean. Si estás perdiendo amigos o te está costando trabajo hacer nuevos, quizá es tiempo de prestar atención a cómo ves y tratas a los demás.

Desarrollar amistades fuertes y duraderas requiere un esfuerzo de nuestra parte. Quizá la gente esté cansada de oír nuestros problemas y excusas, de vernos rechazar el consejo o de ser utilizada en una amistad unilateral.

Contesta las siguientes preguntas honestamente:

- ¿Me quejo más de lo que platico con mis amigos?
- ¿Realmente los escucho a ellos y a su corazón, o sólo espero hasta que pueda hablar otra vez?
- ¿Hablo negativamente sobre mis amigos con otros?
- ¿Hablo negativamente de otros con mis amigos?
- ¿Me enojo cuando mis amigos no responden a mis necesidades rápidamente?
- ¿Me molesto cuando mis amigos me hacen una crítica constructiva (útil) sobre mi comportamiento y decisiones?
- ¿Cumplo con las promesas (junto con mis compromisos) hechas a mis amigos?
- ¿Respeto los horarios de mis amigos o encuentro excusas para mi demora?

- ¿Identifico su dolor o sólo veo el mío? En otras palabras, ¿piensas también en las necesidades de tus amigos o sólo en las tuyas?

Esta semana vamos a estudiar cómo mejorar la manera de amar a tus amigos.

¿Tienes amigos que traen gozo a tu vida, incluso en un mal día o en la cima de tus problemas?

¿Tienes amigos que entienden tu dolor, pero no dejan que te estanques ahí? Un verdadero amigo te escuchará y se preocupará por ti, pero no alimentará tu dolor o ira con amargura.

1. *¿Tienes amigas que guardan tus confidencias, oran por ti y contigo?*

   ____

   ____

2. *¿Quiénes son las amigas confiables que puedes llamar a cualquier hora en caso de emergencia?*

   ____

   ____

Ahora invirtamos estas preguntas y contéstalas como si tú *fueras la amiga:*

3. *¿Soy una amiga que trae gozo a la vida de mis amigos, incluso en un mal día o en la cima de sus problemas?*

   ____

   ____

4. *¿Soy una amiga que siente su dolor, pero no deja que se estanquen ahí? ¿Alimento su ira o amargura, o trato de ayudarlos a superar esos sentimientos?*

____

____

5. *¿Soy una amiga que saber guardar sus confidencias u orar por y con ellos?*

____

____

6. *¿Soy una amiga confiable? ¿Cumplo mis promesas, y mis compromisos, y me pongo a disposición de otros?* [84]

____

____

> *Job 42:8-17 (NVI): Mi siervo Job orará por ustedes [los amigos y "consoladores" de Job], y yo atenderé a su oración y no los haré quedar en vergüenza. Y conste que, a diferencia de mi siervo Job, lo que ustedes han dicho de mí no es verdad. ...Después de haber orado Job por sus amigos, el Señor lo hizo prosperar de nuevo y le dio dos veces más de lo que antes tenía... El Señor bendijo más los últimos años de Job que los primeros...*

El libro de Job habla sobre un hombre que experimentó un desastre tras otro en su vida y en la vida de su familia.

Sufrió la pérdida de sus hijos, enfermedad y pobreza. Sus amigos comenzaron a hablar mal de él y le dijeron que había hecho algo mal para que Dios permitiera que todas esas cosas malas le sucedieran. Su esposa básicamente le preguntó, "¿Por qué no maldices a Dios y te mueres?" Estos amigos deshonraron a Job (y Dios) con sus palabras, acusaciones y presuposiciones. Hoy día, aún llamamos a los amigos que nos desaniman con sus palabras de "ánimo", *consoladores de Job*, que son los amigos que no hacen nada para consolarnos.

Aun cuando Job no entendía por qué le sucedían todas esas cosas malas o por qué sus amigos estaban en su contra, no se volvió contra ellos y no renunció a su fe. Al final, Dios entra en escena y defiende a Job por su fidelidad, y Job ora por sus amigos en lugar de sólo enojarse con ellos. Dios bendice a Job por su fidelidad.

La historia de Lois: recuerdo cuando mis amigos no entendían mi situación, así que suponían cosas y chismeaban, (¿no hemos hecho eso todos alguna vez?) y casi todos se dejaban llevar. Algunos se mantenían al margen, pero sus palabras para intentar "consolarme" inconscientemente me lastimaban aún más. Juzgaban sin tener conocimiento.

Mi dolor creció, mi fe se debilitó y mi soledad se agudizó. Así como Job, no tenía la energía para enojarme y me di cuenta que era imposible que ellos supieran qué es lo que estaba sintiendo. Tomó más tiempo del que me hubiera gustado, pero eventualmente Dios restauró mi vida y mis amistades. ¡Él sigue bendiciéndome superando mis sueños más grandes! Aún sigo conociendo nueva gente y haciendo nuevos amigos por todo el país.

¿Será tiempo de reconciliarte con aquellos amigos que simplemente no supieron cómo consolarte, que estaban heridos también o que simplemente se equivocaron? Cuando perdonas, Dios te sana.

Aquí hay más ejemplos de amistades bíblicas:

Confidente

> *Juan 13:21-25 (RVR): Habiendo dicho Jesús esto, se conmovió en espíritu, y declaró y dijo: De cierto, de cierto os digo, que uno de vosotros me va a entregar. Entonces los discípulos se miraban unos a otros, dudando de quién hablaba. Y uno de sus discípulos, al cual Jesús amaba, estaba recostado al lado de Jesús. A éste, pues, hizo señas Simón Pedro, para que preguntase quién era aquel de quien hablaba. El entonces, recostado cerca del pecho de Jesús, le dijo: Señor, ¿quién es?...*

Juan era un amigo tan cercano que podía recostarse para escuchar el susurro del Señor y recibir información que otros no podían.

Protector y proveedor

> *Juan 19:26-27 (RVR): Cuando vio Jesús a su madre, y al discípulo a quien él amaba [Juan], que estaba presente, dijo a su madre: Mujer, he ahí tu hijo. Después dijo al discípulo: He ahí tu madre. Y desde aquella hora el discípulo la recibió en su casa.*

Jesús estaba en la cruz cuando transfirió el cuidado de su madre, María, a las manos de su amigo más cercano, Juan. Debido a que Jesús era el primogénito, tenía la responsabilidad de cuidar de su madre viuda. Jesús dejó claro a todos que Juan era ahora su hijo y ella, su madre, para cumplir con los requisitos culturales que le permitirían quedar protegida y con provisión.

Quien escucha

> *Juan 21:4-7 (NVI): Al despuntar el alba Jesús se hizo presente en la orilla, pero los discípulos no se dieron cuenta de que era él. —Muchachos, ¿no tienen algo de comer? —les preguntó Jesús. —No —respondieron ellos. —Tiren la red a la derecha de la barca, y pescarán algo. Así lo hicieron, y era tal la cantidad de pescados que ya no podían sacar la red. —¡Es el Señor! —dijo a Pedro el discípulo a quien Jesús amaba.*

Jesús se le apareció a muchas personas después de su resurrección, pero no le reconocieron. En este pasaje, Jesús le habló a los discípulos desde la orilla, les dijo que echaran sus redes del otro lado del bote. Sólo Juan reconoció la voz del Señor.

Confianza

> *Mateo 14:28-30 (RVR): Señor, si eres tú, manda que yo vaya a ti sobre las aguas. 2 Y él dijo: Ven. Y descendiendo Pedro de la barca, andaba sobre las aguas para ir a Jesús. Pero al ver el fuerte viento, tuvo miedo; y comenzando a hundirse, dio voces, diciendo: ¡Señor, sálvame!"*

Pedro creyó en Jesús lo suficiente como para caminar sobre el agua con él. Iba bien hasta que vio la tormenta a su alrededor, en lugar de ver a Jesús.

Compartir y Sin Envidia

> *1 Samuel 18:4 (NVI): Se quitó el manto que llevaba puesto y se lo dio a David; también le dio su túnica, y aun su espada, su arco y su cinturón.*

David y Jonatán compartían lo que hacía al otro fuerte. Jonatán le dio a David su indumentaria militar en reconocimiento de la voluntad de Dios para David de ser el Rey, y no él. Al ser el hijo del rey Saúl, Jonatán debió haber sido el próximo rey. Jonatán reconoció que Dios había escogido a David y no a él. Y no se mostró celoso, al contrario, apoyó a su amigo.

Helena y Juanita eran dos mujeres siguiendo la voz de Dios. Una de ellas era madre soltera y su vida estaba destrozada, la otra era líder y participaba en varios ministerios. La líder se hizo amiga de la madre soltera, se convirtió en su mentora y la animaba. En el tiempo y plan de Dios, la madre soltera comenzó a participar en varios ministerios y oportunidades que la líder hubiera querido tener. Aun cuando debió haber sido difícil, la líder nunca mostró celos o expresó palabras de menosprecio. Aunque quizá le pregunto a Dios, "¿Por qué ella y no yo?", se mantuvo fiel en donde servía y nunca dejó de orar y de animar a su amiga, mamá soltera.

7. *¿Das tanto como pides en tus relaciones de amistad?*

____

____

Amistad Sobre el Mal

1 Samuel 19:1-3 (RVR): Habló Saúl a Jonatán su hijo, y a todos sus siervos, para que matasen a David; pero Jonatán hijo de Saúl amaba a David en gran manera, y dio aviso a David, diciendo: Saúl mi padre procura matarte; por tanto cuídate hasta la mañana, y estate en lugar oculto y escóndete.

Jonatán le recordó a su propio padre la fidelidad de David hacia él, pero al final protegió a su amigo, David, el hombre que Dios había ungido para ser el siguiente rey.

Sacrificio

> *1 Samuel 20:4 (RVR): Y Jonatán dijo a David: Lo que deseare tu alma, haré por ti.*
>
> *Filipenses 2:3-5 (NTV): No sean egoístas; no traten de impresionar a nadie. Sean humildes, es decir, considerando a los demás como mejores que ustedes. No se ocupen solo de sus propios intereses, sino también procuren interesarse en los demás. Tengan la misma actitud que tuvo Cristo Jesús.*
>
> *Rut 1:16 (NTV): Pero Rut respondió: —No me pidas que te deje y regrese a mi pueblo. A donde tú vayas, yo iré; dondequiera que tú vivas, yo viviré. Tu pueblo será mi pueblo, y tu Dios será mi Dios.*

El sacrificio es parte de toda amistad verdadera.

> La historia de Lois: estaba rentando la casa de mis amigos más cercanos cuando mi esposo se fue. Me estaban cobrando mucho menos del valor real de la renta para que pudiéramos quedarnos ahí. Sus finanzas personales sufrieron al no recuperar su dinero o perderlo (en el invierno por los costos de la calefacción) por rentarme, cuando debían haber estado

ganando dinero por rentar su propiedad. El sacrificio de estos amigos le permitió a mi familia vivir en un hogar seguro durante un tiempo de crisis emocional y financiera. Hasta la fecha, estoy agradecida por su amistad y asombroso sacrificio.

Lealtad, incluso años después de la muerte de Jonatán...

> *2 Samuel 9:1, 6-7 (NVI): El rey David averiguó si había alguien de la familia de Saúl a quien pudiera beneficiar en memoria de Jonatán, Cuando Mefiboset, que era hijo de Jonatán y nieto de Saúl, estuvo en presencia de David, se inclinó ante él rostro en tierra. —No temas, pues en memoria de tu padre Jonatán he decidido beneficiarte. Voy a devolverte todas las tierras que pertenecían a tu abuelo Saúl, y de ahora en adelante te sentarás a mi mesa.*

La verdadera amistad, de acuerdo con la Biblia, incluye lealtad.

8. *¿Tienes amigos leales en los que puedes confiar?*

____

____

Cuando tengas amistades fuertes y saludables, estarás tomando un paso más hacia una vida de amor según 1

Corintios 13. Quizá necesites consejería personal para ayudarte a superar alguno de los problemas que hemos visto. Te animo a buscarla en los líderes de confianza en tu vida, en el pastor o en un consejero profesional. Una palabra de precaución sobre la familia: a veces no son tu mejor fuente de consejo porque no perdonarán con facilidad a aquellos que te han lastimado. Quizá estén muy cerca del problema como para ofrecerte un consejo objetivo.

9. *Si crees que necesitas consejería personal, ¿cómo buscarías esa ayuda?*

____

____

10. *Enlista tres cosas que piensas que te hacen una buena y fiel amiga.*

____

____

____

Berta era una madre soltera con muchas luchas, estaba tratando de poner en orden su vida cuando conoció a Mariana. Había una brecha de 20 años de diferencia entre estas mujeres, pero de algún modo Dios cruzó sus caminos. Berta notó que Mariana, quien estaba en una silla de ruedas debido a la esclerosis múltiple, estaba luchando para tratar de alcanzar algo en la repisa de la iglesia. Berta simplemente preguntó si podía ayudar, y pronto se encontró llevando a Mariana a comprar el súper cada semana. La ayuda de Berta se volvió invaluable. Le apoyaba alcanzando productos en las repisas de arriba, poniéndolos en la banda para pagar, empacando y desempacando el súper, y todo esto mientras escuchaba a Mariana hablar sobre la vida. Al apartar un poco de tiempo de su apretada agenda par ayudar alguien más en necesidad, Berta obtuvo un nuevo sentido de vida y esperanza. Mariana y Berta se fortalecieron mutuamente al caminar juntas a través de sus dificultades, en lugar de hacerlo solas.

Reto: escribe al menos algo que identificaste esta semana que si cambias, mejorará tus amistades presentes y futuras.

¿Cuál sería el primer paso que vas a tomar para efectuar un cambio?

____

____

Notas y reflexiones

Quiero mejorar mi amistad con:

____

____

Al hacer lo siguiente:

____

____

____

____

____

¡El amor cambia todo!

Semana ocho: ama tus relaciones sentimentales

El amor siempre confía

La confianza es fundamental.

Nuestro estudio de hoy es acerca de una relación íntima de amor que quizá hayas o no deseado tener en este punto de tu vida. Sin embargo; este estudio es sobre una *vida de amor*, ya sea que te cases o permanezcas soltera.

La progresión es clave en el amor. Todos sabemos que no comienzas a construir un edificio por el penthouse. Comienzas con los cimientos levantando piso por piso, reforzando cada capa hasta que estás listo para añadir los lujos de un penthouse. Sin embargo; en la vida a veces queremos empezar construyendo el penthouse y luego nos preguntamos por qué los cimientos se desmoronan.

El cimiento del amor es Dios porque "Dios es amor". Construimos sobre su amor por nosotros y sobre nuestro amor por él, y luego agregamos capas de amor para aquellos que encontramos en nuestra vida. Estas relaciones de amor nos preparan para una relación saludable y cariñosa con un esposo.

Esta semana es importante porque nuestra naturaleza humana anhela ser amada.

> *Génesis 2:18 (NVI): Luego Dios el Señor dijo: "No es bueno que el hombre esté solo. Voy a hacerle una ayuda adecuada".*

1. *¿Quisieras casarte algún día? ¿Por qué sí o por qué no?*

   ____

   ____

Quizá no tengas ningún deseo de salir con alguien o casarte, y está bien. El apóstol Pablo se quedó soltero porque escogió hacerlo para dedicarse por completo al servicio a Dios. Pero también entendió que no todos estaban llamados a hacer el mismo compromiso.

> *1 Corintios 7:7 (NTV): Sin embargo, quisiera que todos fueran solteros, igual que yo; pero cada uno tiene su don específico de Dios, unos de una clase y otros de otra.*

> La historia de Lois: nunca me volví a casar, pero me siento feliz y contenta. Ciertamente he atravesado periodos de soledad (y todavía los tengo), y he deseado que alguien me ame. Pero también sé que mi soltería ha abierto puertas de oportunidades y realización que no hubiera tomado si hubiera estado casada. No estoy segura si Dios siempre nos llama a un estado o al otro, pero sí creo que él satisface nuestras necesidades en cualquier caso.
>
> 1 Corintios 13 me da consuelo como soltera porque entiendo que es así como Dios me quiere y me ama. También me ha enseñado a amar a otros y cómo debe ser una relación sana de amor. Si Dios tiene un plan diferente para mí en algún punto, siento que me ha preparado, no para la perfección, sino para amar.

Estés o no estés buscando un esposo ahora, esta semana se trata de estar preparada para cualquier relación en el futuro. Se trata sobre sanar corazones, de no vivir en el dolor del pasado y vivir con expectativas para el futuro.

La confianza en una relación sentimental

La confianza no es fácil para las madres solteras. Una vez que una persona en la que has confiado completamente te traiciona a un nivel íntimo, pones muros alrededor. Sin embargo, aprender a confiar es fundamental para una relación saludable. Una vez que comenzamos a confiar en Dios, creyendo que él realmente nos ama y quiere los mejor para nosotros, podemos comenzar poco a poco a confiar en las personas otra vez.

> *Salmo 13:5 (NVI): Pero yo confío en tu gran amor; mi corazón se alegra en tu salvación.*

> *Salmo 20:7(NVI): Éstos confían en sus carros de guerra, aquéllos confían en sus corceles, pero nosotros confiamos en el nombre del Señor nuestro Dios.*

Estas son palabras de fe antes de enfrentarse a una batalla.

> *Salmo 28:7 (NVI): El Señor es mi fuerza y mi escudo; mi corazón en él confía; de él recibo ayuda. Mi corazón salta de alegría, y con cánticos le daré gracias.*

Estas son palabras de fe en medio de la batalla.

> *Salmo 56:3 (NVI): Cuando siento miedo, pongo en ti mi confianza.*

Incluso los reyes sienten miedo.

> *Salmo 143:8 (NVI): Por la mañana hazme saber de tu gran amor, porque en ti he puesto mi confianza. Señálame el camino que debo seguir, porque a ti elevo mi alma..*

Palabras de fe cuando se está desanimado.

> *Proverbios 3:5 (NVI): Confía en el Señor de todo corazón, y no en tu propia inteligencia.*

Esas palabras fueron dichas por el rey Salomón, de quien se dice fue el hombre más sabio que jamás haya existido.

2. *¿Realmente puedes amar a alguien en quien no confías completamente?*[85] *¿Por qué?*

   ____

   ____

3. *¿Confías en Dios?*

   ____

   ____

4. *¿Cómo afectarían tus relaciones la falta de confianza en Dios?*[86]

   ____

   ____

El amor no es egoísta

El amor no se trata de que una persona satisfaga todas tus necesidades, sino de ofrecer amor de manera mutua y bidireccional (el ejemplo de Dios). Habrá tiempos en los que una parte necesite más que la otra (por enfermedad, pena, etc.), pero una medida desbalanceada eventualmente se acabará. Una medida del 50/50 significa que sólo estás dando la mitad de lo que realmente puedes dar. Entonces, ¿cómo nos deshacemos del egoísmo en una relación?

Observa a cualquier niño de dos años. El mundo es sobre ellos. "Es mío" es su frase favorita, y es muy común el comportamiento posesivo con los juguetes, la comida y su mamá. Es la naturaleza con la que nacemos. Un niño de dos años necesita que sus padres le recuerden que debe compartir, ser amable y pensar en los demás.

Podemos tener una mentalidad de dos años cuando nos sobreapapachamos o sentimos inútiles. La vida gira alrededor de mí: mis necesidades, mis deseos, mi manera o una mentalidad de víctima que dice "¡ayúdame, no puedo ayudarme a mí misma!"

Todos necesitamos ser educados para ser *amables*, casi nunca se nos da de manera natural. Incluso cuando sí está en nosotros, los bravucones y excluyentes del mundo atacan esa bondad. Aprendemos a pelear y manipular para ser aceptados porque nuestra naturaleza humana anhela ser amada. O nos damos por vencidos y pensamos que nadie nos puede amar. Lo que es una mentira que nos mantiene en derrota y es una carga destructiva para cualquier relación.

Entonces, ¿cómo controlamos nuestra naturaleza humana y tomamos la naturaleza de Dios, con todas sus características y habilidades para amar de manera desinteresada, apasionada y con fuerza?

El Fruto del Espíritu en las relaciones sentimentales

Como seguidores de Cristo, tomamos la naturaleza de Dios a través del Espíritu Santo, y la Escritura dice que damos fruto al adquirir esa naturaleza.

> *Gálatas 5:22-23 (RVR): En cambio, el fruto del Espíritu es amor, alegría, paz, paciencia, amabilidad, bondad, fidelidad, humildad y dominio propio. No hay ley que condene estas cosas.*

Un árbol frutal produce según su tipo, y un árbol saludable da frutos buenos.

Este fruto es algo que debemos mostrar en nosotros al ser seguidores de Cristo. Pero también es algo que debemos ver en aquellos con los que salimos o deseamos estar. Este fruto nos ayuda a evaluar las acciones e intenciones de otros.

> *Mateo 7:20 (NTV): Así es, de la misma manera que puedes identificar un árbol por su fruto, puedes identificar a la gente por sus acciones. .*

5. *¿Cuáles de las siguientes características has utilizado en el pasado para evaluar el carácter o las intenciones de una persona?*

- ☐ Conexión emocional

- □ Atracción física
- □ Sus amigos
- □ Sus palabras
- □ Cómo trata a los demás
- □ Cómo ve a los demás
- □ Su temperamento
- □ Sus experiencias laborales
- □ Su amor por Dios (por medio de sus acciones)
- □ Cómo se relaciona con los miembros de su familia
- □ Oración y consejo de tus amigos

6. *¿Te ha sido útil observar (o no haberlo hecho) estas características?*

   ____

   ____

7. *¿Has incluido alguno de los siguientes elementos del Fruto del Espíritu como una prueba de carácter?*

- □ Alegría (es positivo)
- □ Paz (no discute)
- □ Paciencia (no se enoja fácilmente)
- □ Amabilidad (es honesto)

- ☐ Bondad (considera las necesidades de otros)
- ☐ Fidelidad (puedes confiar en él, cumple sus promesas)
- ☐ Humildad (es comprensivo)
- ☐ Dominio propio (elimina comportamientos destructivos en su vida)

8. *¿Hubieran sido diferentes tus citas si hubieras tomado en cuenta estas características?*

    ____

    ____

En la siguiente historia, verás cómo una persona que tiene el Fruto del Espíritu en su vida diaria está mejor preparada para una relación, que una que está aferrada a un estilo de vida egoísta.

Melisa y Tomás estaban enamorados. Habían sido novios por casi dos años, tenían mucho en común y estaban a punto de comprometerse. Sin embargo, Melisa necesitaba mucha atención y no se sentía feliz si no tenía el primer lugar. Quería a Tomás sólo para ella y lo aisló de su familia y amigos. Tomás al fin se dio cuenta qué tan desgastante era estar en una relación unilateral, y finalmente terminaron. Melisa salió con otros chicos jóvenes durante los siguientes años, pero eventualmente ellos terminaban la relación. Melisa era hermosa, extrovertida y divertida, pero aún no había entendido qué era el amor egoísta. Su naturaleza humana (egoísmo) gobernaba sobre su naturaleza espiritual.

Cuando eres paciente y estás preparada para una relación, permites que Dios te dé lo mejor.

Meses después de que Tomás terminara con Melisa, Ana entró en su vida. Ana era cristiana, y tenía las mismas metas de vida que él. Tomás comentó: "No sabía que una relación podía ser así de fácil y agradable. Ahora me doy cuenta que siempre estaba tensionado con Melisa, tratando de hacer un esfuerzo para que fuera feliz".

Ana (y Tomás) fueron motivados a encontrar a alguien que los complementara, aun si los retaba a ser mejores. No eran personas perfectas, pero estaban listos para dar el 100% al otro. El Fruto del Espíritu triunfó sobre su naturaleza humana egoísta.

La motivación para entablar una relación sentimental

Evalúa y marca con una palomita lo que te motiva a entrar en una relación sentimental:

- ☐ Deseo sexual

- □ Soledad
- □ Necesidad económica
- □ Miedo
- □ Un deseo de ser "rescatada"
- □ Estrés
- □ Compañía
- □ Presión de amigos o de la sociedad

Estas son necesidades reales, pero no lo es esperar que un individuo las satisfaga todas. Dios nos diseñó para ser amadas y para amar a otros. Esta es una necesidad humana natural, pero la cultura y la sociedad la han pervertido. El sexo es erróneamente llamado amor, y el amor es visto con frecuencia como autogratificación en lugar de respeto mutuo y sacrificio.

Compara la lista anterior de motivos con los siguientes nombres de Dios:

(Jehová significa el Señor, el Dios inmutable y eterno).

Necesidad económica: Jehová Jireh significa "el Señor proveerá"

Soledad: Jehová Rafa significa "el Señor sana"

Deseo sexual: Jehová Mekaddesh significa "el Señor santifica (nos hace puros)"

Presión de los amigos: "Dios Todopoderoso"

Miedo/estrés: Jehová Shalom significa "el Señor es nuestra paz"

Compañía: Jehová Rohi significa "el Señor es mi pastor"

Estos son sólo algunos de los nombres de Dios que enlista la Biblia.

Una vez que confías que Dios es tu proveedor, sanador, fortaleza, paz y compañía, estás lista para una relación que complemente esos aspectos. También te traerá contentamiento como soltera, al saber que Dios siempre está a tu lado para satisfacer tus necesidades. Confiar en Dios te da la autoestima para ser sabia en tus decisiones. Una persona desesperada, egoísta o infeliz nunca estará satisfecha en ninguna relación.

Muchas mujeres saltan de una relación mala a otra por miedo, deseo o necesidad económica. Pon atención a la motivación de Keila y Samanta en la siguiente historia..

Keila estuvo casada dos veces. Su primer esposo entró a la cárcel y su segundo esposo era un adicto. Tuvo tres hijos, mucho estrés y una gran necesidad de ser amada. Se enamoró de otro hombre con el que quería casarse. Su familia y amigos le dijeron que esperara y que lo conociera bien primero, pero rehusó escucharlos.

Se casó con ese hombre en contra del consejo de los que la amaban. Terminó siendo un manipulador, abusador y ladrón. Ella quedó destrozada y sin un quinto. Sus hijos se volvieron rebeldes debido a su enojo. A

Keila la motivaron sus emociones, y quizá su deseo sexual, y permitió que éstas nublaran su sentido común y habilidad para atender al consejo sabio.

Samanta no era feliz con su vida de hogar. Quería desesperadamente que alguien la amara. Se había enamorado del primer chico que se interesó en ella; se embarazó a los 17 años de él, pero la dejó.

Samanta tenía mucho amor para dar, pero rehusó establecer límites. Sus hijos vivían en rebelión constante debido a los hombres que ella traía a casa, y nunca encontraron el amor y la seguridad que tanto anhelaban. Samanta quería a Dios, pero sólo cuando le convenía y en sus términos. Su motivación para sus relaciones se mantuvo egoísta y su naturaleza, rebelde.

9. ¿Puedes ver por qué la motivación para salir con alguien es tan importante? ¿Por qué crees que sea así? [87]

____

____

10. *Cuando tengas los motivos correctos para salir con alguien, ¿vas a tomar en cuenta ahora el transfondo, historia y carácter del hombre con el que elijas salir?*

____

____

Sabiduría en las decisiones de una relación sentimental

> *Proverbios 18:15 (NVI): El corazón prudente adquiere conocimiento; los oídos de los sabios procuran hallarlo.*

El Espíritu Santo de Dios revela el corazón del hombre, y los amigos son buenos consejeros. Cuando nuestro corazón se deja llevar por las emociones puede confundirnos; sin embargo, Dios nos da discernimiento (la habilidad de ver a través del engaño) cuando le buscamos.

11. *¿Le has pedido a Dios que te dé sabiduría para saber con quién salir?*

____

____

> *Santiago 1:5 (NVI): Si a alguno de ustedes le falta sabiduría, pídasela a Dios, y él se la dará, pues Dios da a todos generosamente sin menospreciar a nadie.*

Romanos 12:2 (NVI): No se amolden al mundo actual, sino sean transformados mediante la renovación de su mente. Así podrán comprobar cuál es la voluntad de Dios, buena, agradable y perfecta.

12. *¿Si involucras a Dios en tus decisiones, cómo te va ayudar esto?* [88]

____

____

Hebreos 4:12—13 (NVI): Ciertamente, la palabra de Dios es viva y poderosa, y más cortante que cualquier espada de dos filos. Penetra hasta lo más profundo del alma y del espíritu, hasta la médula de los huesos, y juzga los pensamientos y las intenciones del corazón. Ninguna cosa creada escapa a la vista de Dios. Todo está al descubierto, expuesto a los ojos de aquel a quien hemos de rendir cuentas.

13. *¿Has escuchado el consejo de tu familia o tus amigos acerca de la persona con la que estás saliendo?*

____

____

14. *¿Son amigos que se preocupan por tu bienestar, y ellos mismos han tomado decisiones sabias?*

____

____

Salmo 1:1 (NTV): Qué alegría para los que no siguen el consejo de malos, ni andan con pecadores, ni se juntan con burlones.

15. *¿Has discutido con aquellos que se preocupan por ti? ¿Has ignorado tu propio sentido común? o ¿Has dejado que tus emociones manden?*

____

____

Proverbios 18:1 (NVI): El egoísta busca su propio bien; contra todo sano juicio se rebela.

¿Están listos tus hijos para que comiences una relación sentimental?

El que estés preparada para salir con alguien no significa que tus hijo estén listos para aceptar un nuevo hombre en tu vida o las suyas. Elegir entre tus hijos y un nuevo amor será una situación en la que todos saldrán perdiendo.

¿Están tus hijos listos para que comiences una relación sentimental?

- ¿Por qué crees que sí?
- ¿Por qué crees que no?

Elige las características que quizá describan a tu hijo/hija:

- □ Siente la necesidad de cuidarte o protegerte
- □ Quiere hacerte sentir feliz cuando estás triste
- □ Duerme en tu cama como consuelo (ya sea para él o para ti)
- □ También resiente el estrés de las decisiones familiares
- □ Espera, o tiene permitido, ser parte de tus conversaciones o actividades con otros adultos

Todas estas son señales de que tu hijo/hija se ha convertido en tu pareja emocional. Las madres solteras le asignan de manera involuntaria este papel a sus hijos cuando pierden al esposo. Es extraño que este hijo o hija ceda su posición, o a su madre, a otro hombre. Al irte fortaleciendo como madre soltera, tienes que reclamar de manera gradual tu posición de autoridad y madre. Cuando estás segura y en control de tu hogar ya como madre soltera, tu y tus hijos encontrarán contentamiento, ya sea que empieces a salir con alguien o te mantengas soltera. [Nota: algunos niños, incluso aquellos que no son parejas emocionales, nunca estarán listos para que te cases hasta que hayan crecido. Evalúa el costo antes de empezar a salir con alguien].

¿El hombre con el que sales podría ser un buen padre?

Tienes que ver más allá de tus propias necesidades personales, emocionales y físicas para poder juzgar el carácter de cualquier hombre que invites a tu vida familiar.

Se necesita ser una persona especial para amar a los hijos de otro hombre. Revisa la siguiente lista:

- ☐ ¿Él puede manejar problemas emocionales o de rebeldía? (Quizá puedan darse después)
- ☐ ¿Aceptaría el papel de padre adjunto si el padre biológico aún se mantiene en contacto?
- ☐ ¿Es un buen ejemplo para tus hijos? (Esto significa que no tiene comportamientos abusivos o adictivos, que es un trabajador responsable, y te trata con respeto y cariño).
- ☐ ¿Es paciente o se frustra con facilidad con el comportamiento de tus hijos? (La frustración surge por la vida normal familiar y las tensiones empiezan a aparecer).
- ☐ ¿Estás lista para compartir la paternidad con él? Muchas madres solteras no permiten que sus nuevos esposos hablen, opinen o corrijan el comportamiento de los hijos. ¿Ambos están listos para compartir las responsabilidades de ser padres? (Si siguen siendo "tus hijos", no lo respetarán o aceptarán como un padrastro o tu esposo. Los hijos con frecuencia enfrentan a la madre con el padrastro para mantener su posición de poder y control en la familia).

¿El hombre con el que sales tiene hijos?

Este es otro factor que no puede ser ignorado. ¿Cuál es su papel con sus hijos? ¿Cómo interactuarían con los tuyos?

¿Se aceptarían mutuamente? No te metas en una relación familiar a ciegas. Puedes tener éxito, pero será un esfuerzo constante que requerirá de mucho trabajo, paciencia y probablemente de consejería familiar.[89]

¿Tus hijos se sienten cómodos cuando están con el hombre con el que estás saliendo? No ignores los sentimientos de tus hijos. Si no se sienten cómodos alrededor de alguien, escucha. Los niños tienen un sentido que nosotras no. Lo niños no deben ser forzados a aceptar algo o alguien cuando todavía no están listos. Quizá pueda tomar un año o dos o diez. Pero una vez más, si te están obligando a elegir entre ellos o el hombre con el que sales, toda la familia saldrá perdiendo.

Pureza en la relación

No es fácil mantenerse puro, y es aun más difícil encontrar un hombre que te anime a hacerlo. Una vez que tienes una relación sexual, es difícil no desearla otra vez, y las tentaciones son más fuertes.

16. *¿El sexo te ha mantenido en una relación dañina, peligrosa o que simplemente no concuerda con tus metas de vida?*

____

____

17. *¿Por qué crees que mantener una relación pura da resultados diferentes?* [90]

____

____

18. *¿Cuáles son algunas formas de mantenerte a ti misma y a la relación en pureza hasta el matrimonio?*

____

____

Salmo 119:9-11 (NTV): ¿Cómo puede un joven mantenerse puro? Obedeciendo tu palabra. Me esforcé tanto por encontrarte; no permitas que me aleje de tus mandatos. He guardado tu palabra en mi corazón, para no pecar contra ti.

19. *¿Te has percatado cómo algunos de los siguientes elementos han influenciado la pureza en tus relaciones?*

____

____

- Los lugares y las actividades que eliges
- Tu estado de ánimo (deprimida, sola, cansada)
- Los amigos que escoges
- Amigos que te ayudan a decir “no”
- La oración

El sexo es guiado por emociones, las cuales con frecuencia ignoran la sabiduría, nublan nuestro juicio y sentido común, y te dejan en una posición peligrosa o vulnerable.

El poner en espera una relación sexual permite evaluar acertadamente las intenciones, guardar tu autoestima y te protege a ti y a tus hijos de un daño emocional o físico en el futuro.

Si una relación no es amorosa, gentil o paciente, si es envidiosa y jactanciosa, si no es honrosa y es egoísta, si no protege honra o da esperanza, y si no es confiable... entonces **no es amor** según la descripción que Dios hace en 1 Corintios 13, **y siempre fallará**.

Miedo en una relación sentimental

> *1 Juan 4:18 (RVR): En el amor no hay temor, sino que el perfecto amor echa fuera el temor; porque el temor lleva en sí castigo. De donde el que teme, no ha sido perfeccionado en el amor.*

El miedo puede hacer que nos quedemos en una relación que nos despoje de nuestra personalidad y metas tan fácilmente como lo haría una relación con comportamientos destructivos o abuso.

¿Has sentido temor de ser tú misma en una relación presente o pasada?

> *Salmo 139:13 (NVI): Tú creaste mis entrañas; me formaste en el vientre de mi madre..*

Dios te creó para ser tú misma, no alguien más.

¿Hay alguien en tu vida ahora mismo que te está haciendo tropezar en tu búsqueda del carácter de Dios y de los "planes de paz"?

> *Gálatas 5:7-8 (NVI): Ustedes estaban corriendo bien. ¿Quién los estorbó para que dejaran de obedecer a la verdad? Tal instigación no puede venir de Dios, que es quien los ha llamado.*

El miedo a estar sola para siempre es un problema real para la mayoría de las madres solteras.

20. *¿Tu miedo a estar sola te lleva a salir con alguien, incluso si no es la persona correcta?*

    ____

    ____

> *Isaías 54:5 (NIV): Porque el que te hizo es tu esposo; su nombre es el Señor Todopoderoso. Tu Redentor es el Santo de Israel; ¡Dios de toda la tierra es su nombre!*

> *Hebreos 13:5-6 (NVI): Manténganse libres del amor al dinero, y conténtense con lo que tienen, porque Dios ha dicho: "Nunca te dejaré; jamás te abandonaré". Así que podemos decir con toda confianza: "El Señor es quien me ayuda; no temeré...".*

No es fácil estar sola, pero salir con alguien por miedo a estarlo no es el motivo correcto. Una relación debe mejorar tu vida, no debe ser la esencia de ella. ¡No tengas miedo de ser selectiva!

Ángela ahora estaba divorciada y era madre soltera, algo que nunca se imaginó qué pasaría. A pesar de que quería volverse a casar, no se arrojó a los brazos del primer hombre que se le cruzó. Atravesó el proceso de sanidad que necesitaba para ser una mujer y madre independiente y fuerte. Después, comenzó a pedirle a Dios que le enviara un nuevo esposo.

Varios hombres querían salir con Ángela, y aunque eran buenos hombres, ella sabía que no era lo que necesitaba. Después de un tiempo, su trabajo la obligó a mudarse al otro lado del país, lejos de sus posibles pretendientes. Pero Dios tenía a sus esposo a 1,700 Km.

Cuando conoció a Carlos, Ángela supo que él era el que Dios quería para ella, y ahora llevan varios años de feliz matrimonio. Ángela fue paciente. No tuvo miedo a estar sola, sino confió a Dios su futuro. El miedo no detuvo su carrera o la oportunidad de una nueva vida, y un nuevo esposo.

21. *¿Actualmente estás en una relación que se basa en algún tipo de miedo?*

____

____

22. *¿Qué miedo está detrás de tu motivación, (soledad, abuso, economía, etc.)?*

____

____

23. *¿Necesitas considerar si debes terminar una relación, incluso por un tiempo, hasta que puedas ser parte de ella sin que ese miedo sea el motivo?*

____

____

Pídele a tus amigos, o a quienes están en este grupo, que oren por ti pidiendo sabiduría, el tiempo correcto y buenas decisiones al salir con alguien.

El miedo también puede aislarte de una relación significativa, y puede ser tan destructivo como estar en una mala relación. El miedo agudiza la tristeza, prolonga el duelo, quita el gozo (porque vivimos en temor) y puede endurecer nuestros corazones.

> El esposo de Sandra se había separado de ella. Había hecho todo lo posible para complacer a su esposo, pero no fue suficiente. En el proceso de intentar siempre hacer feliz a su esposo,

olvidó quién era ella. Cuando se fue de casa, ella se marchitó. Ya no sabía qué le hacía feliz. La actividades, las metas, el cocinar... todo lo que había hecho en el pasado eran cosas que complacían a su esposo.

Le tomó a Sandra un par de años finalmente descubrir las cosas que le gustaba hacer, pero se rehusó a salir con alguien. Sandra temía perder a quien amaba otra vez, temía a la incapacidad de hacer feliz a alguien y temía perderse a sí misma en el proceso. El miedo la hizo esquivar todas las relaciones. Le tomó a Sandra mucho tiempo darse cuenta que sus miedos le habían robado su gozo, su habilidad de amar, el deseo de establecer nuevas metas y un futuro lleno de posibilidades.

¿Estás lista para una relación sentimental?

Hemos visto las características de aquellos con los que podrías salir. Ahora evaluemos si tú estás lista.

- ☐ ¿Eres confiable?
- ☐ ¿Eres honesta o tus miedos te hacen mentir?
- ☐ ¿Eres paciente?
- ☐ ¿Te enojas fácilmente?
- ☐ ¿Tienes una necesidad emocional? ¿Buscas a alguien que te salve?

- □ ¿Eres disciplinada en tu vida sexual o te dejas llevar por un toque o deseo?
- □ ¿No has perdonado, aún tienes resentimiento?
- □ ¿Eres bondadosa, paciente y gentil?
- □ ¿Eres fiable y cumples tus promesas?
- □ ¿Tienes gozo?
- □ ¿Estás en paz contigo misma y los demás?

Nadie cumplirá con toda esta lista porque todos luchamos con problemas personales durante nuestra vida. Sin embargo, si estás batallando en muchas áreas, en algunas o sólo en una, pídele a Dios que comience a sanarte, darte fuerzas y renovarte.

Dios sabe que nuestros corazones pueden estar rotos y que nuestros espíritus pueden estar destruidos (la voluntad de vivir), pero él no quiere que nos quedemos ahí. Él tiene las respuestas y la esperanza para los días por venir.

> *Salmo 147:3 (RVR): El sana a los quebrantados de corazón, Y venda sus heridas.*

> *Salmo 34:18 (NVI): El Señor está cerca de los quebrantados de corazón, y salva a los de espíritu abatido.*

Quizá necesites buscar consejería para tratar algunos problemas cíclicos. Sólo comienza a vencer las cosas que han dañado tus relaciones pasadas para que no afecten las que tendrás en el futuro.

24. *¿Por qué es importante sanar nuestro pasado para vivir una vida de amor?* [91]

____

____

25. *Ahora que has terminado este estudio, ¿Qué actitudes o comportamientos pasados eliminarías en una nueva relación?*

____

____

26. *¿Cuáles nuevas actitudes, comportamientos o límites incluirías en una relación en el futuro?*

____

____

27. *¿Confías en Dios y crees que él quiere lo mejor para ti?*

____

____

28. *¿Confías en ti misma para tomar buenas decisiones?*

____

____

29. *¿Estás en posición de dar, y no sólo recibir, en una relación sin sacrificar tu personalidad o las necesidades presentes o futuras de tus hijos?*

____

____

30. *¿Qué es lo que rige tu vida actualmente, tu naturaleza humana y emociones o el Espíritu de Dios con el Fruto del Espíritu siendo evidente en tu vida?*

____

____

31. *¿Han cambiado tus motivos para entrar en una relación amorosa desde que comenzaste el estudio de esta semana?*

____

____

32. *Si es así, ¿qué cambió?*

____

____

33. *¿Crees que puedes ser sabia y escuchar un consejo sabio sobre tus decisiones de salir con alguien en este momento?*

____

____

34. *¿El temor es un factor constante en tus relaciones?*

____

____

35. *¿Crees que eres capaz de ser independiente y ser selectiva con los hombres con los que elijas salir?*

____

____

Esta semana, si has sido honesta con tus respuestas, debes tener una mejor idea de si estás lista para salir con alguien, de si estás conforme con quedarte soltera (incluso por un tiempo) o de si necesitas terminar una relación que no es sana o no es lo que Dios quiere para ti.

36. *¿Crees que estás lista para comenzar una relación seria en este punto de tu vida? ¿Por qué sí o por qué no?*

____

____

37. *Sí no, ¿ahora estás mejor preparada para esperar?*

____

____

Ninguna relación es perfecta porque ninguna persona lo es. Sin embargo, espero que esta semana te hayas dado cuenta que Dios nos da límites y nos equipa para trabajar juntos en nuestras relaciones al *confiar en él.*

Reto: Si estás en un grupo de estudio, oren juntas pidiendo fortaleza para esperar, para mantenerse puras y escuchar la voz de Dios. Si alguien necesita terminar una relación, oren juntas y pidan dirección para salir de esa situación peligrosa.

Notas y reflexiones

¿Qué es lo más importante que aprendiste esta semana sobre tus relaciones amorosas?

____

____

____

____

____

¡El amor cambia todo!

Conclusión

Has invertido ocho semanas para aprender sobre el amor desde la perspectiva de Dios y sobre cómo practicar ese amor en todas tus relaciones. Espero que ahora realmente creas que Dios te ama profundamente, que él desea una relación contigo y que él tiene el poder para generar su amor a través de ti para compartirlo con otros. Su amor te libera de tu pasado y te da la oportunidad de vivir una nueva y mejor vida de amor.

Este viaje de amor y sus retos nunca acabarán porque la gente pondrá a prueba tu paciencia, te hará enojar, te recordarán tus errores y te decepcionará.

Estos son algunos pensamientos de conclusión y retos para mantenerte en el camino...

Recordatorio:

> *1 Juan 4:16-17 (RVR): ...y el que permanece en amor, permanece en Dios, y Dios en él. En esto se ha perfeccionado el amor en nosotros...*
>
> *Santiago 4:8 (NVI): Acérquense a Dios, y él se acercará a ustedes.*

Oración diaria: Dios, gracias por amarme en mis días malos y buenos. Te pido que hoy me llenes con tu amor para así poder amarme a mí misma y a los además de la forma como tú amas; incluso cuando estoy cansada, enojada frustrada o simplemente sin ánimo.

Reto: Repasa las semanas que más necesitas, pídele a Dios que te guíe, deja que las Escrituras te animen, confía en él más cada día, y deja que el Fruto del Espíritu se desarrolle en tu vida.

Metas: Recibe el amor de Dios, ama a Dios, ámate a ti misma, ama a tus enemigos, ama a tus hijos, ama a tus amigos y vive una vida de amor, ya sea que estés en una relación o estés soltera.

Notas y reflexiones

¡Porque el amor lo cambia todo!

Acerca del autor

Lois tiene más de 20 años de experiencia como ministro ordenado, pastora, plantadora de iglesias y misionera. Participa dando conferencias a nivel nacional en reuniones para madres solteras, eventos de mujeres, seminarios de liderazgo y servicios en iglesias. Al haber criado 5 hijos como madre soltera, entiende lo que se siente tener miedo, estar abrumada y sin esperanza. Sus libros y artículos tienen el objetivo de animar a las madres solteras y capacitar al liderazgo.

Puedes conocer más de su ministerio en

www.loisbreit.com

Otras obras de Lois:

30 días de decisiones

Single Mom Ministry:
Church Leadership Guidebook

Respuestas y notas

(Notas finales)

Semana uno:
El amor revelado

1—Algunas madres solteras realmente confían en su capacidad de ser amadas y amar a otros. Sin embargo; para aquellas que han sido abusadas o rechazadas es fácil perder la autoestima. Algunas, de hecho, aceptan el comportamiento abusivo como un acto de amor. Otras piensan que la amabilidad y/o el sexo significa amor.

2—No hay respuestas buenas o malas. Este es un sentimiento personal, aunque al ir avanzando en nuestro estudio, descubrirás que quizá esos sentimientos no son verdad. Simplemente contesta honestamente mientras preparamos el escenario para aprender sobre el amor.

3—Dios te creó, te dio una personalidad, fortalezas y forma. No hay nada de ti que no esté a su vista o que sea una sorpresa. ¡Te ama porque eligió crearte! Su amor no se basa en cómo alguien te ha tratado o lo que han dicho de ti, sino en el hecho de que eres su hija, creada por él en amor, y por lo tanto eres especial.

4—Somos sus hijas, mimadas (consentidas) por su perfecto amor, si lo aceptamos.

5—El hijo tomó la decisión de regresar a su padre y buscar el perdón, esperando nada a cambio; sin embargo, recibió el amor y la aceptación de su padre.

6—Otro recordatorio de que nada de lo que hemos hecho nos puede separar del amor de Dios. Siempre está ahí para que nos tomemos de él, respondamos y actuemos en él.

7—Ten fe, cree y arrepiéntete. Dios nos ama elijamos amarlo o no. Sin embargo, nos perdemos de las bendiciones que él tiene para nosotras cuando rechazamos su amor.

8—Dios no tiene una naturaleza humana (egoísmo, flaquezas, equivocaciones). Nosotras podemos equivocarnos como madres, pero Dios no.

Semana dos:
Tu amor por Dios, primera parte

9—Se burlan de David por alabar a Dios después de una gran victoria. Mical, su esposa, estaba avergonzada por el canto y la danza sin reservas de David mientras alababa a Dios. Quizá incluso estaba hasta celosa de su amor por Dios.

10—La relación de Dios y David continúa siendo gozosa y cercana, mientras que Mical se queda en un estado de esterilidad.

11—Nosotras también quedamos "estériles" (vacías) cuando no somos capaces de alabar o amar a Dios.

12—David está siendo atacado personalmente, necesita ayuda.

13—Dios lo rescata y le da la victoria contra sus enemigos.

14—Dios está en control y nos rescata en tiempo de angustia.

15—El templo prometido se termina.

16—El santuario donde toda la gente puede alabar y adorar es establecido.

17—¡Recordamos las promesas de Dios y que él es fiel para cumplirlas!

18—Se están enfrentando a un ejército/a una batalla aplastante.

19—Cantos de alabanza (de confianza) iban delante de ellos, reduciendo su temor.

20—Se logró tener paz cuando la alabanza tuvo el primer lugar.

21—David necesitaba la guía de Dios.

22—Dios nos revelará su voluntad y sus instrucciones mientras le busquemos y le alabemos.

23—Dios contesta nuestras preguntas y resuelve nuestros problemas cuando le hemos alabado, incluso mientras dormimos.

24—Cuando hay pecado y temor...

25—La fortaleza y el gozo reemplazan el miedo y la condenación.

26—Dios es misericordioso. Con el arrepentimiento y la alabanza viene el gozo.

27—David está deprimido.

28—La esperanza volvió a través de su alabanza.

29—Dios está con nosotros incluso en los momentos más oscuros. La alabanza restaura la esperanza.

30—David estaba siendo perseguido por el rey Saúl quien había enviado hombres a la casa de David para matarlo.

31—Dios libera y protege a David un vez más. (David nunca deja de alabar).

32—Los hombres poderosos o deshonestos (abogados y mentirosos) no son más poderosos que Dios.

33—Los problemas continúan, David atravesó por un periodo largo de acoso y ataques de odio.

34—La alabanza es un recordatorio de los actos de amor fiel de Dios en el pasado y presente, y nos dan la victoria.

35—¡Sigue orando, la victoria vendrá!

36—Tu respuesta debe incluir algo de lo siguiente: enfocarte en los aspectos positivos de los demás; no enfocarte en la culpa, sino en la capacidad de Dios para ayudarte durante ese tiempo; alabar a Dios ayuda a que el odio no se apodere de ti. David no odiaba a Saúl a pesar de que este lo estaba tratando de matar. David alabó a Dios por su capacidad de guardarlo. ¡La alabanza trae victoria!

Semana tres:
Tu amor por Dios, segunda parte

37—La respuesta debe incluir: la presencia de Dios produce una actitud de serenidad; él te liberará de tus problemas; reconoce que Dios está en control, y no tú; las bendiciones nos siguen al adorar a Dios; sé humilde y no arrogante; me hace una mejor amiga, madre y compañera porque me ayuda a llevarme mejor con los que me rodean y me hace sensible a sus necesidades.

38—La obediencia trae bendición.

39—La vida

40—La provisión

41—La verdad nos da poder para cambiar nuestra vida.

42—La sabiduría. Ella protege nuestro corazón del mal.

43—El amor y la obediencia van juntos

44—Las respuestas también pueden incluir lo siguiente: bendiciones, vida, sabiduría, confianza, protección, poder de la verdad, amor.

45—hechicería, brujería, oposición a Dios.

46—Sin obediencia no hay respeto; las bendiciones se detienen y es imposible confiar.

47— Demuestra respeto y este genera confianza, garantiza las bendiciones y fortalece una relación bidireccional.

Semana cuatro:
Ámate a ti misma

48—La Palabra de Dios/ las Escrituras

49—Tu familia, amigos, enemigos y cultura (TV, libros, comerciales)

50—La Biblia porque nunca cambia, es constante y atemporal. La verdad de la Biblia es la descripción que Dios hace de su amor y revela las promesas que tiene para ti. Te anima, te da esperanza, y nos hace mejores personas.

51—Las palabras distorsionadas, crueles de los amigos, de la familia o los enemigos pueden encargarse de que nuestra vida sea difícil. Sus palabras se vuelven realidad, incluso cuando son mentiras sobre quiénes somos (hijas de Dios). Recuerda, las verdades sobre nuestro comportamiento en el pasado no son verdad en el futuro.

52—La verdad bíblica. Elegir aceptar a Dios y su amor

53—Jesús es el buen pastor

54—No sentimos que merezcamos ser tratadas bien o con amor, o nos gusta sentirnos culpables por nuestro pasado. Somos incapaces de amar a otros de una forma sana porque estamos tratando de compensar nuestra propia percepción negativa. La culpa destruye nuestra autoimagen. Limita nuestras posibilidades y el relacionarnos con otras personas.

55—Están fueran de nuestra vista. Se han ido para siempre.

56—Leyendo y confiando en la Palabra de Dios y lo que dice sobre quién eres, y estableciendo nuevas metas en lugar de escuchar a los amigos que no son felices, las revistas dañinas y los programas irreales de televisións.

Semana cinco:
Ama a tus enemigos

57—Ira, resentimiento, dolor, evasión, ambivalencia.

58—Palabras de ira o amargura, cuentas tu historia otra vez, te apartas

59—Cuando eres amable, esto te ayuda a no ser como ellos, su comportamiento se ve tonto y el tuyo, no.

60—Por ejemplo: cuando pienses en ellos, ponlos en las manos de Dios y déjalos ir, no te estanques pensando en ellos. Si te confrontan, ora y pide que puedas permanecer tranquila y en silencio hasta que estés lista para responder, no reacciones sin pensar.

61—Ejemplos: mantén la calma, sonríe, no hagas caras, no seas sarcástica o hiriente.

62—"Forgiveness: Letting go of Grudges and Bitterness" Mayo Clinic. Mayo Clinic, 11 Nov. 2014. Web http://www.mayoclinic.org/healthy-living/adult-health/in-depth/forgiveness/art-20047692

63—Tenemos que salir y vivir en el mundo, pero Dios nos da sabiduría para reconocer las situaciones (y personas) que nos pueden dañar. Una serpiente es astuta, tiene una vista aguda y aprende rápido. Una paloma es inofensiva y gentil. Así que sé gentil, pero aprende de tus situaciones pasadas.

64—No todos serán tus amigos. No trates de cambiar a los demás, no convivas con ellos, mejor sigue adelante y busca mejores personas, lugares y actividades. Sal del camino del dolor.

65—Porque él quiere que sean puros de corazón, pero que estén preparados y fuertes, no que se ofendan de manera fácil o que prefieran la ira, la venganza y las reacciones precipitadas. Quiere protegerlos de caer en la trampa y que se alejen de aquellos que quieren angustiarlos, y vayan y encuentren lo que Dios tiene para ellos.

Semana seis:
Ama a tus hijos

66—Estos son recursos para conseguir estadísticas de niños que viven en hogares inseguros: Kidsdata.org, americanspcc.org

67—Si no conoces a alguien que pueda ayudarte, pregúntale a tu pastor o a una trabajadora social para que te ayuden a hacer de tu hogar un lugar seguro. Quizá te canalicen con alguien que te pueda ayudar, o quizá la iglesia pueda ayudarte. De cualquier manera, toma ese primer paso hacia el amor que siempre protege.

68—La disciplina es un acto de amor. Nuestros hijos tienen que saber que hay consecuencias por su comportamiento inapropiado, pero nuestra respuesta debe ser la adecuada. Discutir con un niño de dos años es inútil, pero si lo sentamos en la esquina o le quitamos sus privilegios, esto le enseña que hay límites en su comportamiento. Quitar privilegios funciona muy bien con los adolescentes.

69—Sabiduría

70—La Biblia porque nos enseña a responder de manera santa en situaciones difíciles y equipa a nuestros hijos para la vida.

71—Respeto

72—Enséñales el amor de Dios en todo lo que haces y dices. No establezcas expectativas irreales para tu hijo o utilices castigos extremos.

73—Los niños respetuosos tienen éxito en la escuela, con los amigos y en sus trabajos. Un comportamiento irrespetuoso desarrolla relaciones condescendientes.

74—Dales una advertencia con la opción de obedecer o de recibir el castigo acordado (tiempo fuera, quitarle un privilegio, etc.). Si le das más de dos advertencias, has perdido el control de la situación. Cuando el castigo se cumple siempre, tus hijos aprenden rápido que es enserio lo que dices.

75—No dejes que tu ira o frustración te controlen. Considera el costo de tu amenaza (tanto para ti como para tu hijo) y si vas a poder cumplir tu palabra. ¿Puedes irte de la tienda o restaurante? ¿No vas dejar que vayan a esa fiesta o evento? Piensa antes de hablar para que tus palabras sean válidas.

76—Cumple tu palabra: esto requiere disciplina de tu parte. Vas a tener que pararte del sillón, dejar tu celular, detener el auto (no intentes disciplinar mientras manejas), irte de la tienda... Si no cumples tu palabra, continuarán picándote la cresta, saliéndose con la suya y no respetarán tu autoridad como madre.

77— Evita hablar del mal comportamiento o malos hábitos de tus hijos con otras personas. Tu hijo o hija sabrá que estás haciendo esto y perderá la confianza en ti. La confianza es crucial cuando llegan a la adolescencia. Encuentra una compañera de oración que guarde tus confidencias y te ayude a orar por necesidades específicas.

78—Esto también requiere autodisciplina de tu parte. Frecuentemente veo padres que se comprometen a llevar a cabo una actividad, y luego cambian de parecer al último momento. Si quieres construir confianza, respeto y seguridad, cumple con los planes ya establecidos, incluso si no estás de humor o si no planeaste bien tu día. A las solteras las caracteriza los compromisos de último minuto, pero ya no eres sólo soltera, eres mamá y se te ha confiado una pequeña vida que depende de ti para que cumplas lo que prometiste. La confianza y seguridad se edifican cuando cumples tu palabra.

79—¿Crees que le estás enseñando a tu hijo/hija a ser un adulto maduro que se hará responsable de sus actos, en lugar de inventar excusas o echarle la culpa a otros?

80—Debido a que no puedo cubrir toda la información financiera en este espacio, te comparto la lista de algunos recursos: Larry Burkett (money management books for young couples, adults, teens); Dave Ramsey (Financial Peace University, books on financial planning).

81—Es muy fácil. Tus gastos no pueden exceder tu ingreso. Si lo hacen, necesitas ayuda para ajustar tu forma de vida y hábitos de gasto.

82—Si no, puedes comenzar dándoles dos o tres opciones cuando tengan que decidir algo, y también no tomando todas las decisiones por ellos. Déjalos que se equivoquen en las cosas pequeñas para que aprendan a tomar decisiones sabias cuando las cosas importantes se presenten.

83—¿Llegas puntual a tu trabajo? ¿Eres una empleada de confianza, fiable, que quiere mejorar su nivel educativo o capacitarse mejor para el trabajo? Los hijos observan y copian nuestro comportamiento más de lo que escuchan nuestras muchas palabras. Kidsdata.org, americanspcc.

Semana Siete:
Ama a tus amigos

84— Si no eres una amiga buena y fiable, será muy difícil hacer buenas amigas. Las amistades, como cualquier otra relación, deben ser bidireccionales para que sean exitosas.

Semana ocho:
Ama tus relaciones emocionales

85—No, porque siempre estarás esperando la traición, la mentira, la insinceridad. Quizá lo ames, pero no completamente porque tus mecanismos de defensa están accionados y tus expectativas no son altas.

86— Si no confías primero en Dios en tu vida, no tendrás su gozo, no podrás esperar sus bendiciones o experimentar su paz. Pondrás todas esas expectativas en un novio o esposo quien constantemente te decepcionará. Nadie es capaz de satisfacer todas nuestras necesidades emocionales, sólo Dios lo puede hacer.

87— Si tu motivación es que te rescaten, vas a irte con la primera persona que muestre estar interesada en ti. Si es rebeldía, vas a hacer todo a tu manera y seguirás estando sola. Si es miedo, seguirás buscando parejas dominantes o controladoras.

88—Ningún hombre va a poder satisfacer todas tus necesidades.. Necesitas tener a Dios como tu fundamento, depender de él. Entonces, después, un hombre puede añadirse a tu vida.

89—www.familylifeblended.com

90—Si no es pura, es motivada por el sexo: la relación se basa en atracción física, que se desvanecerá eventualmente.

El deseo de sexo es más fuerte que el deseo de querer lo que es mejor para ti y para tus hijos. Destruye tu habilidad de ver a largo plazo. El sexo fue diseñado para después del matrimonio porque está diseñado para sellar un compromiso, no hacer uno. Cuando el orden se invierte, la autosatisfacción es el fundamento, y no el compromiso con la otra persona. Dios puso límites a nuestra vida sexual para protegernos física y emocionalmente, no para negarnos el placer.

91—No quieres repetir los errores del pasado o los comportamientos destructivos o crear expectativas irreales para tu futuro.